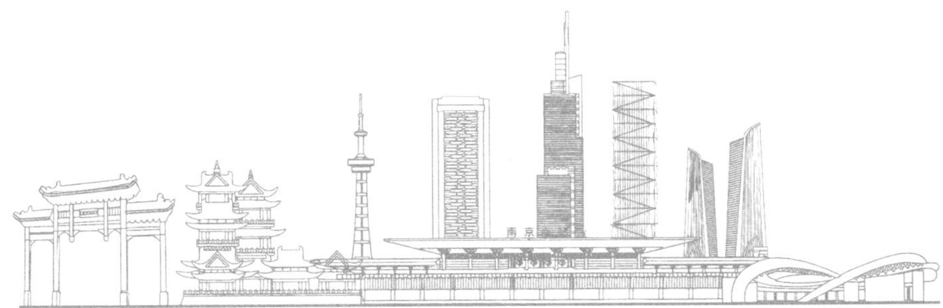

都市圈与产业创新走廊

南京都市圈与扬州产业走廊研究

陈广桂　王亚　吴亚平◎著

首都经济贸易大学出版社
Capital University of Economics and Business Press
·北京·

图书在版编目（CIP）数据

都市圈与产业创新走廊 ： 南京都市圈与扬州产业走廊研究 / 陈广桂, 王亚, 吴亚平著. -- 北京 : 首都经济贸易大学出版社, 2024. 12. -- ISBN 978-7-5638-3807-3

Ⅰ. F299.275.31

中国国家版本馆 CIP 数据核字第 20245J21R2 号

都市圈与产业创新走廊：南京都市圈与扬州产业走廊研究

DUSHIQUAN YU CHANYE CHUANGXIN ZOULANG:

NANJING DUSHIQUAN YU YANGZHOU CHANYE ZOULANG YANJIU

陈广桂　王　亚　吴亚平　著

责任编辑　佟周红

封面设计　砚祥志远·激光照排 TEL: 010-65976003

出版发行　首都经济贸易大学出版社

地　　址　北京市朝阳区红庙（邮编 100026）

电　　话　（010）65976483　65065761　65071505（传真）

网　　址　http://www.sjmcb.cueb.edu.cn

经　　销　全国新华书店

照　　排　北京砚祥志远激光照排技术有限公司

印　　刷　北京建宏印刷有限公司

成品尺寸　170 毫米×240 毫米　1/16

字　　数　215 千字

印　　张　14

版　　次　2024 年 12 月第 1 版

印　　次　2024 年 12 月第 1 次印刷

书　　号　ISBN 978-7-5638-3807-3

定　　价　52.00 元

本专著在编写过程中，得到以下项目资助，特此致谢：

1. 江苏省科技厅江苏省软科学项目（项目号 BR2022027）

2. 江苏省发改委长三角城市经济协调会 2022 年度资助计划（项目号 112）

3. 扬州市 2022 年度智库论坛重大资助项目（项目号 2022 重大 04）

4. 扬州市职业大学 2023 年度高水平学术专著培育资助项目

5. 江苏省企业副总项目（项目号 20231169）

前　言

党的十八大以来，以习近平同志为核心的党中央提出了推进“一带一路”建设、京津冀协同发展和长江经济带发展新的三大战略，并对区域协调发展战略作出了一系列重要论述，采取了一系列重大创新性举措，掀开了区域协调发展的崭新篇章。

2017 年，党的十九大提出要“实施区域协调发展战略、建立更加有效的区域协调发展新机制”。2018 年 11 月 18 日，《关于建立更加有效的区域协调发展新机制的意见》指出，要建立以中心城市引领城市群发展、城市群带动区域发展新模式，推动区域板块之间融合的发展。

2018 年 12 月，南京都市圈党政联席会议审议通过《南京都市圈一体化高质量发展行动计划》，并决定启动《南京都市圈发展规划》编制工作。2019 年 8 月，南京都市圈再次扩容，又新增金坛区、溧阳市两地区。2021 年 2 月，国家发展改革委（以下简称“发改委”）正式批复成立国家级都市圈的战略。

南京都市圈是以南京为中心的经济区域带，位于中国东部、长江中下游沿江城市地带核心地区，地跨苏皖两省，是中国规划建设的第一个跨省都市圈。南京都市圈外围成员包括镇江、扬州等 8 市，总面积 6.6 万平方千米，常住人口 3 500 多万人，地区生产总值近 5 万亿元。南京都市圈的重点是“圈”，也就是外围 8 市如何对接南京，形成聚集效应的都市圈集群。

南京都市圈的规划为近在咫尺的扬州市带来了难得的发展机遇，如何紧紧拥抱南京都市圈，成为南京都市圈最紧密的卫星城市，是一个重大的发展课题。从县市地理来看，目前，南京都市圈和扬州市的空间联系最直观的体现就在 G328 国道。扬州市已经沿着 G328 国道建立了一条长约 15 千米的产业带，也叫 G328 产业带。

G328 产业带已经发展了四十多年，依托 G328 产业带打造 G328 产业创

新走廊的关键在于协同发展。南京都市圈获批后，如何有效构筑南京都市圈外的七个地级市和中心城市南京市之间的辐射通道，并通过辐射通道实现产业资本、技术、人流、商流等的双向流通，也是需要探索的重要问题。

研究扬州产业创新走廊，有助于解决都市圈协同发展方案的应用推广，形成有效的创新体制和跨区域合作机制，提高科研成果的技术转移与产业化效率，实现科技创新与产业发展的互动，在技术成果转移转化、新兴产业发展、创新要素溢出等领域实现破题，推动江苏经济高质量发展，对全国的都市圈建设也具有一定参考意义。

本书自撰写以来，编写团队成员深入一线，实地调研政府、企业，从而获得直接数据；在扬州市发改委、江苏省发改委长三角处的领导下，在上海长三角城市经济协调会以及江苏省科技厅软科学项目等的项目资金的支持下，联系、走访省市政府相关职能管理部门，获得各类宏观数据；查阅有关资料，包括电子和纸质的，获得相关数据；综合各种方式获得全部数据，进行大数据处理统计分析，最终形成总结性数据。本书得到了副教授王亚、助理研究员吴亚平以及比利时根特大学博士陈云岳的大量前期项目的支持，在此表示诚挚的谢意。

目　录

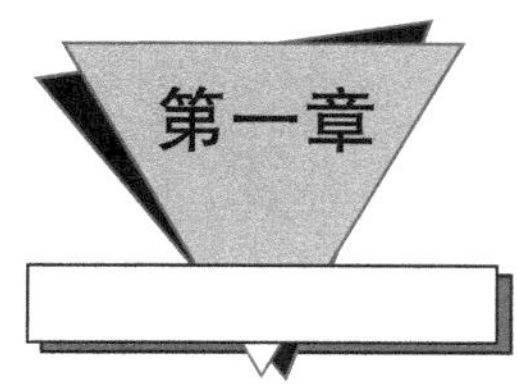

都市圈与产业创新走廊研究的理论基础

都市圈和产业创新走廊的建设是20世纪六七十年代在欧美兴起，然后传导到其他发展中国家，指导都市圈建设的重要城市建设实践。这种城市建设实践并不是随机性的、偶发的，而是建立在一系列区域经济学和发展经济学的相关理论基础上的，比如都市圈理论、城市群理论、增长极理论、点轴开发理论、区域经济发展理论、产业辐射理论、产业带理论、梯度转移理论、创新理论等。本章主要介绍一些区域经济中关联性较强的重点理论，如都市圈理论、产业辐射理论、产业带理论、梯度转移理论、创新理论、点轴开发理论。

第一节　都市圈理论

都市圈是区域城市化发展到一定阶段的产物，是一种特殊的地域空间组织形式，也是经济、社会、人文等各种因素共同作用的结果。学术界根据所在区域经济社会发展特征的不同，对都市圈的概念进行了不同角度的阐述。整体而言，都市圈在概念上还没有统一的认识，在使用上也千差万别，出现了都市圈、大都市城市带、都市连绵区等不同概念。有的学者认为这些概念都是同一个内涵，所以在不同地方交叉使用。有的认为这几个概念有较大的区别，并专门对其内涵进行了研究和辨析。从国外对都市圈的研究来看，主要有日本和欧美两大独立的研究渊源。

一、日本对都市圈概念的研究

日本是最早使用“都市圈”概念的国家。日本对都市圈的研究始于20世纪50年代大城市迅速发展时期。日本行政管理厅将都市圈定义为：以一日为周期，可以接受城市（人口规模在10万人以上）某一方面功能服务的地域范围。1960年日本又提出“大都市圈”，规定：中心城市为中央指定市，或人口规模在100万人以上，并且邻近有50万人以上的城市，外围地区到中心城市的通勤率不低于本身人口的15%，大都市圈之间的物资运输量不得超过总运输量的25%。据此，日本全国被划分为首都圈、近畿圈等八大都市圈。70年代，日本总理府统计局把都市圈的标准界定为：人口数量在

100 万人以上的政令指定城市，外围区域向中心城市的通勤率不低于 1.5%。研究者富田和晓提出离心扩大模式，该模式将都市圈分为中心城市、内圈和外圈，利用各圈层占都市圈总人口比例的增减指标确定发展阶段。他认为，中心城市的人口规模大于 30 万人，而外围地区到中心城市的通勤率不低于 10%。到了 80 年代，研究者山田浩之和德冈一幸提出了"标准大都市工作圈理论（Standard Metropolitan Employment Area，SMEA）"，这是由中心城市和郊外城市构成，二者合计人口在 10 万人以上的都市圈模型。其中，中心城市（夜间）人口在 5 万人以上，第一产业以外的就业者占总就业者人数的 75%以上，向其他城市的通勤人口占总人口的 30%以上；郊外城市的标准为第一产业以外的就业者占总就业者人数的 75%以上，向中心城市流动的人口占总人口的 10%以上。日本都市圈界定标准如表 1-1 所示。

表 1-1　日本都市圈界定标准

机构（或学者）	时间	中心城市的标准		外围地区的标准	
		人口	其他	城市化	到中心城市的通勤率
统计局	1975 年	>100 万人	—	—	1.5%
富田	1975 年	>30 万人	白天人口>夜间人口	—	10%
川岛	1978 年	>10 万人	白天人口>夜间人口	非农户住户>75%	5%
山田	1983 年	>15 万人	白天人口>夜间人口	非第一产业人口>75%	10%

资料来源：https：//www. sohu. com/a/297387874_688176。

此外，还有不少日本学者从其他角度对日本都市圈进行了研究。石水照雄（1965）研究了东京大都市圈人口集聚与扩散过程。

松田信（1966）研究了高速公路建设与都市圈的形成。板仓胜男等（1968）通过对阪神都市圈内工业企业分布的研究，推翻了日本都市圈是由大型重化企业控制的传统观点。龟山嘉大（2001，2002）、八代达夫（1996）等学者从产业集聚引起的生产效率的下降、集聚不经济效应等方面对日本都市圈开展了研究。

二、欧美对都市圈概念的研究

美国是世界上最早对都市圈的标准做出界定的国家。

美国对都市圈的界定标准包括三个指标：第一个指标是都市圈中心城市的人口规模；第二个指标是外围区域的城市化；第三个指标是外围区域与中心城市的经济社会一体化。

南北战争后，美国的城市得到快速发展。1910 年前后，美国理论界就已经提出了都市圈的概念。美国学界认为，都市圈是指一个大的人口核心城市以及与这个核心城市具有高度的社会经济一体化的邻接社区的组合，通常以城市行政区域作为基本的构造单元。其标准为，都市圈内有一个至少 20 万人以上的中心城市，在城市行政边界以外 10 千米范围内的最小行政单元的人口密度为 58～77 人/平方千米。1950 年密苏里州提出的标准都市圈（Standard Metropolitan Areas，SMA）及 1960 年在人口普查中使用的标准都市圈统计区域（Standard Metropolitan Statistical Areas，SMSA），规定每个 SMSA 应有一个人口至少 5 万人以上的中心城市，外围区域的人口密度在 58 人/平方千米以上，75%以上的劳动力从事非农业活动，向中心城市的通勤率在 15% 以上。1983 年又改 SMSA 为都市圈统计区域（Metropolitan Statistical Areas，MSA）。1990 年以后统一定名为都市圈（Metropolitan Area，MA），规定每个都市圈应有一个人口至少在 5 万人以上的城市化地区（Urbanized Area，UA）作为核心，围绕这一核心的都市区地域由中心县和外围县构成。中心县是该城市化地区的中心市所在的县，外围县则是与中心县邻接且满足以下条件的城市：非农业劳动力比例在 75%以上；人口密度大于 20 人/平方千米且每十年人口增长 15%以上；至少 15%的非农劳动力向中心县以内范围通勤或双向通勤率达到 20%以上①。目前学术界大都认为都市圈的概念源于对大都市带（Megalopolis）的研究。

鉴于美国成立之初总人口数量不多，地广人稀，美国的城市立统标准的人口跟中国相比，规模明显偏小。

---

① 陈洋：国土空间规划背景下的都市圈发展与规划响应，2019 年 11 月广东省国土空间规划协会在深圳主办的“国土空间规划背景下规划师专业技能培训班”上的会议论文。

1957 年，法国著名地理学家戈特曼（Gotman）在对美国东北部大西洋沿岸的多个城市群进行深入研究后，发表了具有划时代意义的论文《大都市带：东北海岸的城市化》（Megalopolis：the Urbanization of the Northeastern Seaboard）。在该文中，戈特曼首次提出了“大都市带”的概念，他定义了“大都市带是由很多在经济、社会和文化等方面密切联系相互交流的都市区连成的区域”。

三、中国对都市圈概念的研究

受城市化发展和经济发展水平的影响，我国都市圈的研究起步比较晚。中国学者借鉴西方相关研究理论，对我国大城市的地域空间组织形式进行了广泛深入的研究，该领域开始成为城市地理学、城市经济学、城市规划学、区域经济学等多个学科的研究热点。学者们探讨了都市圈、都市区、城市群、城市密集区、城市连绵区、大都市带等有关大城市地域空间组织的概念，形成了我国研究都市圈的特色。

我国学者关于都市圈的研究始于 20 世纪 80 年代中期。1983 年，于洪俊、宁越敏在《城市地理概念》一书中首次使用“巨大城市带”的概念，向国内介绍了戈特曼的理论。

1986 年，北京大学周一星教授在分析中国城市概念和城镇人口统计口径时，借鉴西方城市不同尺度空间单元体系，较早提出了市中心—旧城区—建成区—近市区—市区—城市经济统计区—都市连绵区（Metropolitan Interlocking Region，MIR）这样一套中心城市的地域概念体系。周一星认为，MIR 是“以若干城市为核心，大城市与周围地区保持强烈交互作用和密切社会经济联系，沿一条或多条交通走廊分布的巨型城乡一体化区域”，他进一步阐述了都市连绵区形成的五个必要条件：①具有两个以上人口超过百万的特大城市作为发展极；②有对外口岸；③发展极与口岸之间有便利的交通干线作为发展走廊；④交通走廊及其两侧人口稠密、有较多的中小城市；⑤经济发达，城乡间有紧密的经济联系[①]。

---

① 周一星．城市地理学［M］．北京：商务印书馆，1995.

1992 年，姚士谋等在《中国城市群》一书中，提出了城市群（Urban Agg Lomeration）的概念[①]：“在特定地域范围内具有相当数量的不同性质、类型和等级规模的城市，依托一定的自然环境条件，以一个或两个特大或大城市作为地域经济的核心，借助于现代化的交通工具和综合运输网的通达性，以及高度发达的信息网络，发生与发展着城市个体之间的内在联系，共同构成一个相对完整的城市集合体。”在此基础上，他们对中国城市群的地域结构特征、发展趋势等方面作了理论探讨，并对沪宁杭、京津唐、珠江三角洲、辽宁中部、四川盆地、中原地区、湘中地区、关中地区、福厦城市地带、哈大齐城市地带、武汉地区、山东半岛和台湾西海岸做了研究。

孙一飞提出城镇密集区的概念，即“在一定地域范围内，以多个大中城市为核心，城镇之间及城镇与区域之间有着密切联系，城镇化水平较高，城镇密集分布的连续地域”，并界定了城镇密集区包括三个要素：①两个或两个以上 30 万人以上的中心城市；②与中心城市相连的连片城市化地区；③与中心城市相邻，或为连片城市化地区所包围，但尚未达到城市化地区标准的个别县市[②]。

顾朝林于 1999 年提出大都市标准，即大都市是以大城市为核心，与之保持密切社会经济联系的城市化地区，使中心城市与周边地区共同构成内部相互联系，有一定空间层次、地域分工和景观特征的巨型地域综合体[③]。

此后，国内许多学者对都市圈的定义和其内涵都进行了深入探讨。

上海交通大学高汝喜教授在《城市圈域经济论》中对都市圈的概念进行了定义：以经济发达且城市功能强的中心城市为核心，由与经济有内在联系和在地域上毗邻的若干个城镇所覆盖的区域共同构成的，其经济集聚和辐射能够达到且能够促进相应区域经济发展的最大地域范围，同时他认为都市圈是一个经济社会圈而非一个行政区[④]。

张京祥、邹军等人对都市圈的概念及形成机理、都市圈的空间界定、都

---

① 姚士谋．中国城市群［M］．北京：科学出版社，2023.

② 孙一飞．城镇密集区的界定：以江苏省为例［J］．经济地理，1995.

③ 顾朝林．经济全球化与中国城市发展：跨世纪中国城市发展战略研究［M］．北京：商务印书馆，1999.

④ 高汝喜，罗名义．城市圈域经济论［M］．昆明：云南大学出版社，1998.

市圈的功能与空间组织、都市圈地域的管理等内容进行了研究探讨。他们认为，都市圈是指一个或多个核心城镇，以及与这个核心具有密切社会经济联系的、具有一体化倾向的邻接城镇与地区组成的圈层式结构。

张伟对都市圈的概念、特征及其规划进行了探讨。他认为，都市圈由一个或多个中心城市和与其有密切经济、社会联系的临近城镇组成，是具有一体化倾向的协调发展区域。都市圈是以中心城市为核心、以发达的联系通道为依托，吸引辐射周边城市与区域，并促进城市之间的相互联系与协作，带动周边地区经济社会发展的、可以实施有效管理的区域。构建都市圈的本质在于淡化行政区划，从区域发展的角度强化城市间的经济联系，形成经济、市场高度一体化的发展态势。都市圈更加强调对区域基础设施的共建共享，构建都市圈一体化的设施网络；强调合理开发和利用各类资源，改善人居环境和投资环境，促进区域经济、社会与环境的可持续发展。

杨涛等认为，都市圈是由强大的中心城市及其周边邻近城镇和地域共同组成的高强度密切联系的一体化区域。它是城市化、市场化两种力量共同作用的结果。城市化提供了相互靠近的若干城市，市场化加强了它们之间的联系，使其合为一体。都市圈是可以跨行政区域的。

李国平在《首都圈》中，将都市圈定义为跨越城市界限而和都市在景观上连为一体或在职能上具有紧密联系的区域。李国平提出都市圈的三个特征是：在景观上和都市连为一体的城市化区域，在通勤等日常生活方面和都市紧密联系的区域，从经济活动以及流动人口等方面和都市关系密切的区域。

郭熙宝、黄国庆在综合国内外学者关于都市圈现象的研究和综述的基础上，提出了都市圈的概念：城市化发展到相当阶段时出现的，以一个或少数几个大型城市为中心，以圈域内若干大中小城市为次中心或节点，辐射周边腹地区域，依托发达便利的交通、通信网络，经济联系紧密，具有较高城市化水平和一体化特征的社会经济活动空间组织形态。

张颢瀚、张超认为，大都市圈是指在可感应和可延伸的区域内，由一个国际性的核心城市和几个区域性中心城市及相应城镇群落，通过发达的交通通信网络所连接组成的规模层次分明、功能结构合理、经济联系紧密的一种

相对独立并具有国际竞争力和影响力的空间发展实体。

四、与都市圈相近的概念

在对都市圈进行研究的过程中，还有一些内涵较为接近的概念，如城市群、都市区、大都市带、都市连绵区等，这些概念有的与都市圈联系紧密，有的在交叉使用。为更好地研究和运用都市圈的相关理论，有必要对上述几个概念进行比较。

城市群是比较常用的概念，中国城市地理学界的学者使用较多。城市群与都市圈的主要区别是：城市群主要强调了城市的密度和空间组合形态，而且，一个城市群可以是若干中小城市的集合，不一定有十分突出的中心城市；都市圈和大都市带则是以特大城市为中心的，是城市体系比较完整的城市复合体。此外，都市圈内部各城市之间在产业、城市功能上会互相联系、协作、配合和依存，它们具有明显的一体化特征，而这些特征在日常生活中表现得尤其明显。

都市圈是由都市区及其周边联系紧密的地区共同组成的。都市圈由内向外表现出较为突出的圈层结构，以单中心都市圈，由内向外表现为“核心区（圈）—联系紧密圈—泛影响圈”。都市区强调的是与中心市区有密切的日常社会经济联系，一般比都市圈具有更高的非农化和城市化水平。都市圈的地域范围大于都市区的地域范围，二者均没有确定的界线。也可以认为，都市区是以市区为核心的区域。

大都市带则是指多中心城市区域，具有高度的连续性和较强的相互作用，其中心城市具有门户位置、发展枢纽及高密度的特征。都市连绵区指以若干大城市为核心并与周围地区保持强烈交互作用和密切社会经济联系，沿一条或多条交通走廊分布的巨型城乡一体化地区。它一般是国家的经济核心区，并不是任何经济相对发达的城镇密集的地方都可以称为都市连绵区。由此可见，都市连绵区与大都市带在本质上都是高度城市化的区域概念。都市圈由都市区及其周边联系紧密地区共同组成，包括一个或多个中心城市和与其有紧密社会、经济联系的邻接城镇，受“距离衰减率”的影响，在空间上呈现圈层状分布。

第二节　产业辐射理论

一、产业辐射理论的概念

产业辐射理论是以产业经济学、区域经济学为指导，研究产业之间以经济能量传递为纽带从而相互影响、相互联系、相互支持的变化规律的理论。产业辐射理论主要研究媒介的流动规律、产业之间相互辐射的基本原理、产业辐射的基本动力、媒介之间的关系、产业之间的关系、产业的地位和作用，并研究产业规模的控制及产业辐射强度变化规律。

二、产业辐射理论遵循的原则

产业辐射理论是在已有的经济学理论、区域经济学理论、产业经济学理论等相关理论基础上，利用实证、规范、归纳、统计分析等方法，对产业辐射规律、产业辐射原理、产业辐射运行机制等进行分析、发现、整理、总结，使其形成一套完整的理论体系，以便指导实践活动。要进行上述研究，就必须按一定的原则进行，这些原则包括：

第一，真实性原则。该原则即在进行产业辐射研究时，结论一定要反映产业辐射运行的客观现实，实事求是，绝对不能杜撰或臆造。

第二，客观性原则。该原则即研究所建立的理论体系要反映客观现实。

第三，系统性原则。产业辐射是由许多相关产业有机结合在一起的整体，这个体系既有以产业辐射为核心的产业组织系统，又有辐射媒介内外交换系统，还有自身调整系统，更有评价分析及控制系统等，因此，在进行产业辐射理论研究时必须有系统的原则，将产业辐射体系看成一个完整的整体进行研究，尤其注重依存性、关联性、全面性等的研究分析。

第四，整体性原则。产业辐射体系是一个有机整体，也是某一经济实体或区域经济中的一个组成部分，因此研究中必然涉及局部与整体的关系问题，为保证抓住问题的关键或核心就需要树立整体性的观念，使研究成果既能代表整体，又能照顾局部。

第五，实用性原则。研究产业辐射理论是为了在循环经济研究及实践、多元化发展战略的研究与实践等中应用，因此，所建立的模型、运行体系等必须能够应用到实际中，有很高的实用价值。

产业辐射理论也涉及其他原则，这里仅对其主要原则进行分析，其他原则要结合研究的具体情况进行分析确定。

三、产业辐射理论的应用

探讨产业辐射理论在有关领域的应用问题，主要表现在以下几个方面：

（一）为循环经济的研究提供方法

随着可持续发展理论研究的不断深入及人们对实践的不断总结，循环经济的发展模式引起人们的重视。但在循环经济研究与实践过程中，需要研究产业与产业之间的关系、资源流动的原理与规律、资源之间的替代、产业之间的替代、资源能否满足相关产业发展需要、企业发展规律如何、哪些资源能在哪些产业之间循环利用等。产业辐射理论能为循环经济的研究提供方法和手段，推动相关研究的开展。

（二）为企业多元化战略研究及实施提供方法

企业在刚使用多元化经营战略时，初期效果不错，但后来大都出现盲目发展问题，围绕主业发展副业。只要某个领域有利润可图，投资者就纷纷进入，导致产业发展过多过乱，一些产业产能过剩，造成资源的极大浪费，同时又有一些产业发展不足，满足不了社会发展需要。在我国的一些领域，尤其是国有企业，发展非主业产业时，缺乏论证，盲目建设，结果企业建成之日就是亏损之日，甚至就是下马之日。在研究产业辐射领域的基础上，通过分析相关产业之间、企业之间的关系，建立产业最佳规模模型、企业数量及规模分析模型，探讨辐射理论在多元战略发展中的应用，尤其是研究哪些产业能够发展，哪些不能发展，应建立什么样的产业多元化发展格局，并建立相应的分析模型，选择合理的分析方法。

（三）为区域或城镇的产业布局或产业结构调整提供依据

区域产业布局及产业调整方式受科技、生产力发展水平、社会制度、市场等因素的影响，出现周期性波动是正常的，说明价值规律在发挥作用。但一个区域或城镇保持其经济持续稳定发展是维持社会稳定的基础。要尽可能减少经济波动所造成的损失，在考虑采取其他措施的同时，合理进行产业布局和产业结构调整应是主要采取的措施。单一型产业结构往往使地区经济随着骨干产业的兴衰而兴衰，从区域经济稳定角度来看，不是合理的产业布局方式。一个区域应在发展以主业为核心的产业集群的同时，兼顾发展相互独立的产业群和替代性产业。要做到这一点，就需要利用产业辐射理论中的产业分析方法，对区域或城镇的产业与产业之间的关系进行梳理，选择支柱产业，研究其辐射领域，建立产业群体，保证区域或城镇经济的发展。因此，应基于产业辐射理论建立区域或城镇经济研究及实践应用分析模型，再选择合适的方法，使区域或城镇的产业布局更为科学合理。

（四）为制定产业发展政策提供依据

经济政策尤其是产业政策制定得合理与否，是国家、地区或城镇经济能否持续稳定发展和增长的关键，而要做到科学合理，就需要科学的理论和方法作为依据和指导。经济发展是在原有基础上逐步进行的，产业布局和产业调整是在原有产业基础上进行的，这需要研究产业之间的关系，为经济政策的制定提供依据。除了研究产业辐射领域、辐射强度、产业关联度，还要研究产业之间的接替顺序，更要研究其规模、数量，为制定经济政策尤其是产业政策的制定提供依据。

产业辐射理论认为任何辐射都是双向的，辐射双方在合理分工基础上实现优势互补、资源共享，在合理配置资源的基础上提高经济的运行效率和发展速度。

产业辐射理论强调市场机制在经济发展和现代化进程中的指导和调控作用。从根本上来看，加快经济发展和现代化进程必须依托市场对资源配置的基础性作用。产业辐射理论的基本思想是通过点辐射、线辐射和面辐射，把巨大的产业网络联系起来，各自发挥自身在辐射体系中的作用，在市场机制的作用下，以经济利益为主要驱动力，搞好资源的优化配置，理顺产业网络中各环节之间的关系，使经济体系正常运行。

产业辐射理论高度重视事物之间的关联性，在一个产业圈中，虽然主产业处于主导地位，但主产业的持续发展也有赖于其他辅助产业的发展。产业

之间的关系和地位随着环境条件的变化而变化，研究产业辐射的动态发展变化规律，对相关理论的深入研究、对于指导实际工作具有重要的意义。

产业辐射理论把平衡发展理论和不平衡发展理论结合起来，研究解决经济发展和现代化进程中的相关问题。平衡发展理论主要指在产业发展方面，产业要在区域间或区域内部各部门间保持同步与平衡发展。不平衡理论的主要观点是区域经济在发展过程中，由于地理条件、经济基础、其他条件存在差异，经济和社会发展的动力不同，所以出现不平衡发展的现象是不可避免的。平衡发展理论和不平衡发展理论是西方学者提出的两种相反的发展理论，应该说，这两种发展理论都有一定的道理，但也都有相应的不足，产业辐射理论把二者很好地结合起来。产业辐射理论认为，在条件不变的情况下，产业之间通过三种方式的辐射，可以实现优势互补、共同发展的目的。

由于产业辐射是双向的，因此，只要辐射的效率能够得到保证，经济资源和非经济因素的流动和传播同时能使双方受益，只是受益的程度不同而已。

第三节　产业带理论

产业带的形成是区域经济发展的一个显著特征。在产业带形成初期，企业区位行为受环境条件的影响而表现为向某一优势区位集中，进而发展成若干城市工业集中区，企业在运营过程中又由中心向外沿轴线扩散，这两种空间发展过程既相互推动又相互制约，便形成了产业带。

一、产业带的概念

产业带是一条带状的链条产业集中区域，是相关或相同的产业的基地，在此区域内可以形成产业集聚效应，更好地扩大产业。在产业带里，资源可被更有效地利用和配置。

二、国外产业带理论的产生和发展

最早注意到产业带的形成并对其进行专门研究的是美国学者戈特曼，但德吉尔（S. Degeer）却被认为是产业带概念的最先提出者。1927 年，美国学者德吉尔在“工业四边”概念的基础上提出“制造业带”的概念，它以主要工业中心的相互联系为依据，着重强调工业生产活动的重要性及其延续性。20 世纪 60 年代，德国学者维尔纳·桑巴特（Wener Sunbart）提出了“生长轴”理论，他认为联接各中心的重要交通干线如铁路、公路、航道等的建设将形成新的有利区位，方便人口的流动，降低原料、成品的运输费用，使产业和人口沿交通干线集聚，并产生了新的居民点，从而形成产业集聚带。20 世纪 90 年代，美国学者沙利文（E. C. Sulivan）通过研究城市交通走廊，提出将交通运输基础设施建设与沿线经济开发作为整体系统的规划，他认为交通经济带是指在一个城市内主要交通干道与其两旁的联合项目（如商业设施、娱乐场所、主要工业区或卫星城镇、大型体育设施等）所构成的线性开发的带状区域。进入 21 世纪，伊恩·R. 戈登（Ian. R. Gordon）和菲利普·麦肯（Philip Mcann）认为，不同集团和不同活动的混合趋向于在不同的地方集结成带束状，其结果就是某种程度地伴随着产业专业化的空间分异。于是他们总结了三种基本的带状模式，即纯聚集模式、产业综合体模式和社会网络模式。

三、国内产业带理论的产生和发展

中国学术界对产业带的研究始于 20 世纪 80 年代。中国科学院地理所陆大道院士于 1984 提出“点-轴空间结构系统理论”。他认为，工业生产（无论采掘、原材料和加工工业，还是第三产业的众多企业）都是产生和集聚在“点”上并由线状基础设施束（包括各类交通干线、能源供应线、水源供应线等）相互连接在一起的；农业生产虽然是面状的，但农业生产的组织、管理机构、农业企业也大都集中于“点”上，重点开发轴线的发展，从而便形成了产业集聚带。此后，费洪平、郭政淮、陈才、丁四保等分别从不同角度界定了产业带的概念。除产业带以外，国内外许多学者还在不同的场合提到了产业聚集带、产业密集带、经济（地）带、经济隆起带、城市经济带、经济走廊、交通经济带等与产业带内涵极为相近的概念，其差异主要是由于各自研究的对象和研究目的不同。笔者认为，产业带是以线状基础设施束

（包括铁路、公路等运输干线及其组合、能源动力及水供应线、邮电通信设施等）为发展主轴，以轴上或其紧密吸引区域内的联系密切的城镇或城镇群为主要载体，建立在沿线众多产业部门密切协作的基础上，由产业、人口、资源、信息、城镇、客货流等集聚而成的带状区域产业经济系统。在这个系统内部有特定的产业结构、资源结构、技术结构，并且建立了紧密的经济技术联系和生产协作。地理位置、自然资源、线状基础设施束、产业体系和城镇群是构成产业带的五个基本要素，地理位置和自然条件是产业带形成的自然因素，自然资源禀赋是产业带存在的场所和发展的物质基础，线状基础设施束是产业带形成发育的前提条件，产业体系是产业带发展和演进的主体，大中城市及城镇群是产业带的依托和增长内核。

四、当前国内产业带理论的扩展

目前，关于产业带形成和发展研究的理论基础主要包括区位论、空间结构理论、产业地理集聚等，它们共同构成产业带的基础理论体系。

区位论是研究经济行为的空间选择及空间内经济活动的组合理论，简单地说就是研究经济活动最优的空间理论。1826 年，德国经济学家杜能（Thunen）的《孤立国》一书问世，此书的出版标志着区位理论的产生。总体而言，区位论的布局思想主要有级差地租、成本最低和中心地选择。具有代表性的区位理论主要包括农业区位论、工业区位论、中心地理论（中心地方论）等。空间结构理论是综合的整体性的区位理论。将古典区位理论发展为空间结构理论并做出重要贡献的有 20 世纪 50 年代美国学者达恩（Dunn）和德国学者奥托伦巴（E. Otremba），他们都分别提出过空间经济结构的概念。国外与产业带相关的空间结构理论主要包括增长极理论、增长极与增长中心理论、空间生长轴理论、核心-外围理论、区域经济梯度推移理论等。国内理论界对空间结构的研究是以陆大道的“点-轴系统”理论为开端的，此外，也有如陆玉麒提出的双核结构理论模式等。产业地理聚集（产业集群）是指某一特定产业的企业大量聚集于某一特定地区，形成了一个稳定、持续且有不寻常竞争优势的企业集合体。经济学家阿尔弗雷德·马歇尔（Alfred Marshall）是较早关注产业集聚这一经济现象的，并提出了两个重要的概念，即“内部经济”和“外部经济”。迈克尔·波特（Michael Porter）认为，产业地理聚集是提高产业竞争力的基本因素，簇群的因素支配着当今的世界经济地图，它是每个国家国民经济、区域经济、州内经济甚至都市经济的一个显著特征，在经济发达国家尤其如此。

产业带的构成通常包括交通干线或综合运输通道、以工业商贸业为主的三大产业，以及沿线分布的经济中心和大中城市。三大构成要素相辅相成，三者之间的相互促进及关系的演变是产业带的基本发展规律。三大产业特别是工业、金融商贸业和信息业是产业带的主要构成内容。因此，产业带应具有以下特征：依靠交通干线的狭长空间地带，空间构成具有条带性；分布有多种产业，构成成分具有复杂性；经济规模、经济增长速度较高，发展具有动态性；产业带整体具有开放性，对所处区域产生广阔而深远的影响，其地位突出而重要。同时，经济密度等多项经济指标沿产业带中心向外递减，具有梯度变化规律。

基于上述理解，产业带是指在一定区域空间中，沿着一种或多种线状基础设施（如沿铁路、沿高速公路、沿海、沿边等），由相互关联的产业部门围绕中心城市或重要节点集聚而成的，中心的产业联系和密集程度明显高于周围地区，整体呈条带状分布且具有特定结构、功能、层次的产业集聚区域。

五、产业带的细分

根据产业发展的主体类型，可将产业带划分为农业产业带、工业带、旅游业产业带。进一步细分，可以有基础产业带、高新技术产业带、制造业产业带、重化工业带、能源产业带、生态旅游产业带等。

产业带的发展通常以交通干线为轴线，根据交通轴线性质的不同，可将产业带划分为沿海型、沿江（河）型、沿路型和综合运输通道型四种基本类型。以经济带中最为典型的交通经济带为例，日本太平洋经济带是以沿岸航线及沿岸线路为生长轴线的沿海型交通经济带，欧洲的莱茵河经济带和中国长江经济带属于沿江（河）型交通经济带，中国京九铁路、哈大高速公路以及胶济铁路沿线经济带属于沿路型交通经济带，美国波士华经济带则属

于综合运输通道型交通经济带，由多种交通轴线复合而成。

另外，根据发展阶段的不同，可以将产业带划分为雏形期的产业带、成长期的产业带、成熟期的产业带。目前中国现有的产业带都还难以称之为成熟的产业密集带。中国一些产业带虽然外形和轮廓与成熟的产业密集带相似，但仔细观察就会发现，中国大多数产业带线状的基础设施束还不够发达，整体组织性差，内部联系松散，协同配合不够，缺乏系统性，导致功能无法充分发挥。现有的产业带大多属于雏形期和成长期的产业带，产业密集程度、交通便捷度等有待提高。

产业带作为一个完整区域，是基于其内部各组成单元的内在空间联系和相互作用。其中，产业带的空间联系包括自然联系，经济联系，人口移动联系，技术联系，社会相互作用联系，服务传递联系，政治、行政和组织联系等。

在界定产业带范围时需要分析一系列指标，费洪平指出比较重要的方面包括：反映企业联系的指标，如物质联系、信息联系、服务联系相关指标；反映运输联系的指标，如交通线路的性质、货流量与方向及公路客运流量与流向；反映商业联系的指标，如主要百货公司的商品批发额及批发方向；反映企业组织空间扩展行为的指标，如企业集团或大型多厂公司的成员厂的数量、地理分布及其空间联系的数量与方向；反映产业集聚程度的指标，如工业产值密度、工农业总产值密度、国民生产总产值密度等。为使界定指标更加完善，一些学者还扩展了距离指标。

在具体界定产业带范围时，需要考虑的因素往往很多，难以进行精确的定量分析，尤其各种联系的范围及其强度大小常常又是“不分明”的。因此，费洪平指出需要对产业带进行多因素分级评分，主要工作包括：列出所有重要因素目录；将每个因素分成等级，并对每一等级定出相对应的分数；将各因素的分数相加计算总分，得出结果。根据总分数值的大小，把产业带的空间范围划分为联系程度不等的最紧密联系、紧密联系、半紧密联系多个层次区。从产业带的梯度规律出发，巫东浩指出，利用梯度函数可以很好地确定产业带的边界范围，结合网格法和行政区划法划分出产业带的边界范围。

产业带的形成是经济较为发达的空间结构标志，也是经济技术发展的有利空间结构形式。合理的产业结构及其演进和升级是该地带得以形成的重要因素，是推进经济带发展演进以至向外延伸的动力。在区域的发展过程中，存在极化与扩散两种作用力。极化过程与扩散过程两者互为作用，互为制约，在不同的历史阶段，其作用的强度和方式大不相同，主要表现为：①起始阶段。建立推进型产业之前，具有优势条件的区位的经济发展水平比周围腹地（边缘区）原有水平高。②极化阶段。当增长以不同的程度先出现在某些点时，便开始了极化过程，增长点以其优越的经济实力、经济发展条件通过后向联系效应将周围地区的人、财、物吸引过来，使中心和周围腹地之间的经济发展水平的差距扩大。③扩散阶段。当集聚达到一定限度，扩散效应占据主导地位，中心与周围腹地的经济发展水平的差异越来越小，区域内部经济趋于一体化。

基于以上认识，一些学者指出产业带的形成与发展也始终存在着极化过程和扩散过程，两者既相互依存又相互制约，并在一定条件下相互转化。在产业带形成初期，极化效应相较扩散效应显著，空间二元结构明显，产业带处于起始阶段，经济规模小、经济增长率较高、产业带的地域范围较窄，对周围地区的经济辐射不强，不足以整体带动区域经济的发展；在产业带极化阶段，人口、产业在中心城市或交通方便的区位或节点集聚，经济规模不断扩大、产业带的地域范围拓宽，区域专业化和分工逐步形成，经济密度等多项经济指标沿产业带中心向外递减，呈现梯度状态；在产业带形成后期，经济主中心地位增强，主中心对其他地区的影响以扩散效应增强为特征，并开始占主导地位，导致产业带内部差异进一步缩小，使经济逐步走向均衡发展。

研究表明，中心与边缘空间不平衡程度更多地表现出与一国经济、社会和政治发展水平相关，可将空间组织演替序列划分为几个主要阶段：低水平均衡阶段、极核发展阶段、扩散阶段和高水平均衡阶段。

产业带空间演进过程也可大致分为类似的多个阶段，空间演进的模式如下：第一阶段，由于国家经济发展，地方政府产生强烈的投资欲望，在某些区位较好的地区，一些有发展前途的产业部门得以建立起来，于是这些地区便成为新的增长极。第二阶段，在增长极内，由于部门具有很强的联动效

应，便在一个经济中心内，形成围绕主导部门、相关企业相互配合的生产系统。第三阶段，由中心城市向外延伸的交通网络呈辐射状向外扩散，围绕中心城市的卫星城、城市群中心和城市集团纷纷涌现。城市边缘区成为变化迅速的地区，郊区并入城市区，附近农业区域成为新的郊区。城市中的专业化分工逐渐明朗，沿主要交通干线的点轴状产业系统开始形成，产业密集带的雏形日益显露。第四阶段，产业密集带建设趋于成熟，经济实力强大。产业结构转换迅速，对内产业系统性提高，对外影响力加强，产业密集带作为贸易、金融、信息中心的职能和高科技新产品孵化器的职能日益强化。沿海、沿江、沿边主要交通干线，两条以上平行的复合式点轴系统所构成的具有一定纵深配置的产业密集带出现。各大产业带呈现相互衔接、归并、融合的趋势，城市界限日益模糊，城市带连绵逶迤，可达数百千米。中国的产业带适应经济发展的需要已现端倪，发展前景广阔。已有研究对产业带的类型划分、范围界定、发展过程及空间演化做了大量工作，对中国的产业带发展规划实践和相关政策的制定提供了重要的理论依据。推动产业带建设或进行产业带规划，对促进区域专业化分工、加强区域协调与合作，具有积极意义。但需注意中国现有的产业带大多处于雏形期和成长期，整体组织性差，内部联系松散，距离成熟的产业带尚有一定的差距，尤其是产业密集程度、交通便捷度等有待提高。因此，不少地方的产业带的建设应被视作为中期乃至远期发展的目标。中国当前面临经济全球化、产业国际转移放缓的新局面，需加强对新背景条件下的产业带理论与实证研究。

产业带是以地理区划为发展基础，依托交通干线、河岸线、海岸线，以中心城市或优势资源集中地为增长极，发展优势产业，集聚融合产业和各种生产要素形成经济网络的线状空间地域综合体。它因具有极化效应和扩散效应，从而可以有效地以非均衡增长的方式带动整体经济的发展。然而，当前中国产业带的发展却面临着一系列的挑战，主要表现在以下方面：

第一，经过多年的发展，中国当前已步入工业化中期阶段，然而与发达国家相比，中国产业结构存在高技术产业弱小、传统产业落后两方面的问题。产业整体结构的欠合理，造成了产业带的建立与发展的困难。中国人均GNP 和 GDP、总产值密度三项指标与发达国家相比差距仍然巨大，而低收

入、低消费又造成社会积累不足、投资动力不充分、生产力不发达，从而造成经济水平低，制约着高科技产业的形成和发展。

第二，城市人口机械增长快，加剧了城市基础设施的压力。根据联合国人口司的调查估算，到2020年，中国的城市人口将占总人口的49%，与1950年相比，城市人口占比增加了29个百分点。城市人口机械增长过快，超过了城市基础设施提供服务的能力，降低了城市的发展水平和稳定度，必然给产业带的建设带来阻力。

此外，中国大部分区域环境污染严重或生态脆弱，居民观念更新慢等因素都制约着产业带的建设。因此，在建设产业带时，应充分考虑到以上各种因素的制约，因地制宜地发展中国的产业带。

六、当前中国主要的产业带

中国地势西高东低，产业地域分布上呈现了沿大江大河集中、沿主要交通线集聚的趋势，形成了当前的纵向产业带和横向产业带。这种空间分布状况是未来区域发展的骨架，也是产业带未来发展的基本格局。

（一）纵向产业带

中国目前已经形成或正在形成的纵向产业带有沿海产业带、京广铁路沿线产业带、三线地区和兰新-北疆铁路沿线产业带。这三条纵向产业带分别位于中国三大地形阶梯的过渡带，在地理单元和区域性质上具有边缘效应。

沿海产业带是中国对外开放的前沿，也是经济最活跃的地带。目前该产业带正处于以沿海港口或河口三角洲为依托的城镇群发展时期。其南段以珠江三角洲为核心，中段以上海为核心，北段以京津冀北地区和辽中南地区为核心，目前已成为中国最主要的外商投资区。这一区域内各中心城镇发展速度快，出现了以人口迁移为主的城市化，并逐步形成了沿边城市集聚群。但各城镇群结构和功能相似，竞争大于协作，相互间的内在联系还不够，今后需增强相互间协调发展。

京广铁路沿线产业带是辐射面极宽的优势产业带。河北的生物制药、高新技术产业、钢铁工业、装备制造业，河南的食品工业、有色冶金，湖北的汽车、钢铁工业和高新技术产业，湖南的交通运输设备、高新技术产业等在

全国具有一定优势。今后，应优先发展高新技术产业和装备制造业，促进京广铁路优势产业带的尽快形成。京广铁路沿线产业带南部的长株潭，应结合区位特征，提高综合竞争力，建设成为核心增长极、促进中国中部地区崛起的战略支撑点。

三线地区和兰新-北疆铁路沿线产业带，内部城镇密度、单位面积国民生产总值等指标都较低，表现为不连续分布的发展；生态问题突出，未来建设中必须以改善环境和优化生态为核心，促进区域生物圈经济的形成。

（二）横向产业带

中国当前横向产业带主要有陇海-兰新产业带、长江沿江产业带、沿黄河产业带和浙赣-湘黔铁路产业带。横向产业带在中国产业空间布局上发挥连贯东、中、西的作用，与纵向产业带共同组成中国产业带的网络结构。

陇海-兰新铁路是中国一条横贯东西的交通大动脉，沿线有一系列著名的大中城市。因丰富的煤炭、铁矿资源而发展较早，形成了以煤炭开采加工为主导的工矿业带。这一地区长期产业结构单一，纯资源依赖型的产业对区域环境和生态的破坏极大，区域经济发展的稳定度较弱。因此，未来必须立足区域环境现状，合理发展多层次产业，在治理污染、改善生态环境的基础上促进区域经济的持续、稳定发展。随着西部大开发的推进，在宝鸡以西，以兰州为中心可能形成一个黄河中上游能源重化工带；在乌鲁木齐-石河子一段，也有可能形成相对发达的产业带。

长江沿江产业带地处中国中部，长江横贯东西，该地带内人口稠密、经济发达、资源丰富，沿岸有一系列特大城市和许多中小城市可依托，具有建设产业带的有利条件。该产业带以重庆、武汉和上海为核心形成了三个产业密集段，产业部门比较齐全，已初步具备发达产业带的特征。当前主要问题是全流域发展不够协调，中游除武汉城市群以外，发展水平尚低，正处于起步阶段；上游沿岸城市呈点状分布，还不具备产业密集带的特征；中上游水土流失、河水污染等问题制约了下游的发展。因此，今后应加强上中下游之间的联系，调节全流域开发，使之成为未来中国最具潜力的发展区域。

沿黄河产业带内能源、矿产资源丰富，水能、电能、煤炭、石油、天然气储量丰富，黄河上游及邻近地区是中国著名的有色金属长廊，开采生产的潜力巨大。未来建设的趋势是打破条块分割，发挥地方优势，加强横向联合，共同开发黄河流域；通过经济联系和产业融会，提高中心城市的影响力和辐射力。

浙赣-湘黔铁路产业带以浙赣-湘黔铁路为主轴线，从目前的产业基础、人口分布和区域资源环境看，应以上饶、鹰潭、南昌、新余、宜春、萍乡、株洲、娄底、怀化为节点，建设浙赣-湘黔优势产业带。在该产业带上，南昌的冶金、机械、航空工业，上饶的汽车工业，鹰潭的有色金属冶炼及加工，新余的钢铁工业，宜春的机械工业，萍乡的煤炭工业，株洲机车工业等在中部地区乃至全国均具有重要的地位。今后，应积极引导周边生产要素向该区域集中，把该产业带建设成一个技术水平较高的优势产业集聚区，大规模承接沿海产业转移。

因地制宜地确定产业带的布局。比如，中国西部的大多数地区，自然资源丰富，但不具备作为产业带增长极条件的大型城市，在这些地区发展产业带时可以选择条形放射状的布局结构而不是以中心城市为基点的点光源放射状结构，这种沿交通干线的布局有利于自然资源开发型产业的发展。

对于产业带开发资金不足的问题，可借鉴国外产业带的做法，以政策为契机，创造宽松的政策环境积极吸引外部资金的投入，同时借助外部投资者开拓更广阔的市场。提升产业层次，形成产业带崛起的动力机制。开发重点要从以下方面着手：一是改造传统产业。传统产业在中国占有很大的份额，用高新技术和先进适用技术改造传统产业，对优化和提升产业带工业结构至关重要。二是推进技术创新，充分发挥企业作为技术创新的主体作用，推动企业建立起技术创新的投资机制和运行机制。三是发展高新技术产业，抢占产业发展制高点。这是缩小与先进地区差距的重要举措。加快体制创新，形成产业带崛起的内生机制。创新内部体制是产业带建设激发内部活力、产生内生动力的关键。要加快产业带建设，必须先扫除束缚先进生产力发展的体制性障碍，增强发展的内生动力。在开发产业带时也应认识到宏观协调工作的重要性，为产业带组建“协调委员会”以解决跨越行政区划发展的产业带在宏观协调层面存在的困难。“协调委员会”应吸纳产业带内企业实体的代表，由政府和市场主体共同参与产业带治理。这种模式有利于信息的沟

通，平衡各方主体的利益，能够更有效率地解决产业带发展过程中出现的各种问题，所制定的统筹规划和发展方案的可行性也会更强。

目前，中国沿海、沿长江、沿铁路公路等交通干线，正在形成若干产业带，在未来二十年内，还可能形成更多的产业带。要继续创造适宜的环境培育产业带的成长，借鉴发达国家的成熟模式开发更多的产业带，以创造有利的政策环境，并以产业带促进中国整体经济的发展。

第四节　梯度转移理论

梯度转移理论源于弗农提出的工业生产的产品生命周期理论。产品生命周期理论认为，工业各部门及各种工业产品，都处于生命周期的不同发展阶段，即经历创新、发展、成熟、衰退等四个阶段。此后威尔斯和赫希哲等对该理论进行了验证，并作了充实和拓展。区域经济学家将这一理论引入区域经济学，便产生了区域经济发展梯度转移理论。

一、梯度转移理论的概念

梯度转移理论认为，区域经济的发展取决于地区产业结构的状况，而产业结构的状况又取决于地区经济部门，特别是主导产业在工业生命周期中所处的阶段。如果主导产业部门由处创新阶段的专业部门所构成，则说明该区域具有发展潜力，因此将该区域列入高梯度区域。该理论认为，创新活动是决定区域发展梯度的决定性因素，而创新活动大都发生在高梯度地区。随着时间的推移及生命周期阶段的变化，生产活动逐渐从高梯度地区向低梯度地区转移，而这种梯度转移过程主要是通过多层次的城市系统扩展开来的。与梯度转移理论类似的是日本学者赤松要提出的雁行模式，随后山泽逸平等日本学者将其引申并应用于解释以东亚为中心的亚洲国家国际分工、产业结果变化以及经济相继起飞的过程。雁行形态论在生产按比较优势在国家间转移这一问题上，与弗农的产品生命周期学说有相似之处。

梯度转移理论主张发达地区应先加快发展，然后地区经济发展通过产业和要素向较发达地区和欠发达地区转移，以带动整个区域经济的发展。

梯度转移理论也有一定的局限性，主要是难以科学地划分梯度，实践中容易扩大地区间的发展差距。该理论忽视了高梯度地区有落后地区，落后地区也有相对发达地区的事实，人为限定按梯度推进，就有可能把不同梯度地区发展的位置凝固化，进一步扩大差距，导致发达的地方更发达、落后的地方更落后。

梯度转移理论把经济效率放在区域发展和生产力布局的首位，强调效率优先，兼顾公平。该理论在制定地区发展战略时具有重要意义，应用范围较广。

第一，梯度转移理论符合经济发展的一般规律，有利于提高经济发展效率。梯度转移理论从客观实际出发，以不平衡发展规律为基础，承认区域间不平衡的现实，认为条件好的地方经济应较快地发展起来，并通过产业和要素从高梯度到低梯度的转移，带动条件差的地方。

第二，梯度转移理论有较强的适应性。无论是发达地区还是不发达地区，经济发展条件和经济发展水平都具有一定的差异性，特别是不发达地区，经济发展水平和条件往往呈现梯度性，按梯度推进依次发展能取得较好效果。

第三，梯度转移理论在实践中取得了较好的效果。在该理论的指导下，我国制定了“七五”“八五”计划，实行沿海地区率先开放政策，鼓励部分地区先富起来，并通过先富带后富，最后达到共同富裕。由于该政策的成功实施，我国经济保持了改革开放以来四十多年连续高速增长，被认为是世界经济发展史上的奇迹。特别是“十五”期间，国家重视中西部地区发展，执行西部大开发战略，实际上也是梯度转移理论的延伸应用。

二、产业梯度转移

产业梯度转移即产业区域转移，是以企业为主导的经济活动，是由于资源供给或产品需求条件发生变化后，某些产业从某一国家或地区转移到另一国家或地区的经济行为和过程。产业梯度转移可分为国家产业梯度转移和区域内的产业梯度转移。对某地区而言，包括外区域的产业梯度转移和本地产业梯度转移其他地区两个动态过程。在我国，梯度转移表现为随着先富起来

的东部地区的经济结构升级，某些劳动密集的、消耗大量自然资源的、生产传统产品的产业（如制造业）转移到中西部，甚至是按梯级顺序先转移到中部再转移到西部。

产业梯度转移理论的适应性应包括这样的条件：

第一，发达国家产业结构调整已经完成。

第二，发达国家新产业所创造的新的市场需求与剩余的夕阳产业所创造的剩余市场需求之和，必须大于“原来产业”所创造的市场需求，否则产业梯度转移不可能一帆风顺地进行。可用公式表示：

$$D1+D2>D3$$

其中，D1 是新产业的市场需求，D2 是夕阳产业的市场需求，D3 是原来产业的市场需求。

从这个模型我们可以分析，如果 D3 足够大，如纺织业这样的产业，当 D1 一定时，D2 也较大。如果此时将产业全部转移，也就是 D2＝0，那么就会出现等式左边<等式右边，这样发达国家的市场需求会缩小，它们就会阻挡产业的转移。

第三，在混合经济的今天，夕阳产业的转移必须考虑政府的因素。

第四，劳动力的流动受到限制。

如果这四个条件不同时具备，发达国家或地区的产业不会或不能转移。

三、梯度转移理论在我国的践行

梯度转移理论实质上是一种非均衡发展理论。1978 年以来，在我国的思想空前活跃的理论界，特别是政府决策者，在总结区域经济发展经验的基础上，反思了以往片面强调均衡发展、忽视经济效率的教训，把效益原则和效率目标放在区域经济布局和实施区域发展政策的优先地位。有关专家把国际盛行的梯度转移理论引入了我国生产力布局和区域经济研究中，从而对实践活动产生了实质上的影响。我国幅员辽阔，各地生产力发展水平、经济技术水平和社会发展基础差异较大，总体上可以划分为东、中、西三大经济地带。这些地区客观上也存在着经济技术梯度，既然分梯度就有空间转移的顺序。根据市场经济规律，经济技术优势往往是从高梯度地区向低梯度地区流

动的。因此，国家实施沿海地区优先开放战略，让有条件的高梯度地区即沿海地区引进和掌握先进技术，率先发展，然后逐步向处于二级、三级、四级梯度的地区推移，以期随着地区经济的发展、推移速度的加快，逐步达到缩小地区差距、实现经济布局和发展的相对均衡。

第五节　创新理论

“创新”一词最早由熊彼特提出，发展至今，学界已丰富了创新理论的层次。从技术应用层面的创新到对制度、国家层面的应用创新，创新相关的研究在不断深入，其内涵也在不断地丰富。

一、创新理论的概念

随着学界对于区域创新的研究不断深入，关于创新指标的测算和计算也在不断丰富，如何更好地衡量创新显得尤为重要。综合观察对于创新指标的研究和具体采用的方法可以发现，有的学者从创新能力方面考察区域创新水平，有的从创新效率方面考察区域创新的水平，也有学者将二者同时作为衡量区域创新的水平，结合定性和定量分析。这两种对创新的考察方法并不影响最后的研究结果。

一个地区创新能力和创新效率的提升，都可以增加这个地区的区域创新产出。因此，使用区域创新产出来衡量区域创新能力和区域创新效率的提升相对来说更为直观。目前，关于区域创新产出的衡量主要是使用区域专利申请授权数，在中国，与专利有关的法律界定在不同地区都是一致的，因此兼顾了可比性与可得性。

二、区域创新产出

区域创新产出是衡量区域主体的创新效率和创新能力的标志。关于影响区域创新产出的研究资料可谓浩如烟海，经过整理发现，学者大多从区域创新要素、区域创新主体以及区域创新环境这三个方面来研究。区域创新要素的研究主要以一个地区接收到的外商直接投资、地区贸易以及科技研发经费

支出为主。

我国最早接受的产业转移理论是国际产业转移，早期学者也是把外商直接投资作为衡量产业转移量的依据。区域创新产出的提升离不开创新要素的投入，外商直接投资可以让外商主体和区域主体之间存在竞争影响，这种竞争效应可以促进地区外的科研人员流入，从而为地区注入创新要素，提升区域创新产出。

而且，外商直接投资可以为本地区带来新产品和新理念，这种新产品和新理念可以作为一种生产要素，进一步推动地区创新产出的提升。当然，也有学者研究发现，外商直接投资在某些方面对区域创新产出也有不利的影响。有学者通过加入行业竞争程度分析，发现外商直接投资的技术溢出效应可以显著为正。

三、区域创新系统

区域创新系统理论认为，区域创新主体主要以政府、企业、高校为主，虽然政府不直接参与创新活动，但是政府可以通过宏观调控对企业和高校的创新行为进行引导和支持。有学者发现，政府的支持并不能够直接带来创新效率的提升，但是政府的支持可以为市场传递信号，从而吸引行业外投资，进而间接推动区域创新的提升。

在区域创新环境中，良好的创新环境可以为区域创新主体提供完善的设施条件，有利于创新要素的集聚，从而提升区域创新能力，增加区域创新产出。其中，区域创新环境中的市场需求和劳动力素质对区域创新的影响最大。

换句话说，良好的环境是提高区域创新的催化剂，能够显著提升区域创新产出，但是与创新主体中高校的作用类似的是，教育环境对区域创新产出的影响程度有限。区域创新环境对创新产出具有显著的正向作用，但在不同地区，区域创新环境的影响结果存在异质性。而且，一个区域的互联网水平、知识产权保护氛围，很大程度上也为区域创新产出营造良好的创新环境。特别是对我国中西部而言，良好的创新环境产生的提升作用更为显著。

第六节　点轴开发理论

点轴开发理论是增长极模式的延伸理论。

一、点轴开发的相关概念

从区域经济发展的过程看，经济中心总是首先集中在少数条件较好的区位，成斑点状分布。这种经济中心既可称为区域增长极，也是点轴开发模式的点。随着经济的发展，经济中心逐渐增加，由于生产要素交换需要交通线路以及动力供应线、水源供应线等，点与点之间相互连接起来，这就是轴线。轴线首先是为区域增长极服务的，但轴线一经形成，对人口、产业也具有吸引力，吸引人口、产业向轴线两侧集聚，并产生新的增长点。点轴贯通，就形成点轴系统。因此，点轴开发模式可以理解为从发达区域大大小小的经济中心（点）沿交通线路向不发达区域纵深发展推移。

二、点轴开发模式

点轴开发模式是从增长极模式发展起来的一种区域开发模式。法国经济学家佩鲁把产业部门集中而优先增长的先发地区称为增长极。在一个广大的地域内，增长极只能是区域内各种条件优越，具有区位优势的少数地点。一个增长极一旦形成，就要吸纳周围的生产要素，使本身日益壮大，并使周围的区域成为极化区域。当这种极化作用达到一定程度，并且增长极扩张到足够强大时，会产生向周围地区的扩散作用，将生产要素扩散到周围的区域，从而带动周围区域的增长。增长极的形成关键取决于推动型产业的形成。推动型产业一般又称为主导产业，是一个区域内起方向性、支配性作用的产业。一旦地区的主导产业形成，源于产业之间的自然联系，必然会形成在主导产业周围的前向联系产业、后向联系产业和旁侧联系产业，从而形成乘数效应。

点轴模式是增长极模式的扩展。由于增长极数量的增多，增长极之间也出现了相互联结的交通线，这样，两个增长极及其中间的交通线就具有了高

于增长极的功能，理论上称为发展轴。发展轴应当具有增长极的所有特点，而且比增长极的作用范围更大。

点轴开发模式是在经济发展过程中采取的空间线性推进方式，它是增长极理论聚点突破与梯度转移理论线性推进的完美结合。

三、点轴开发的特征

(一) 方向性和时序性

点轴空间布局形成后，相关资源要素的扩散就会在这个框架下进行交互式聚集或者扩散。这种点轴渐进聚集或者扩散过程在方向上初期表现更多是聚集，也叫虹吸，后期表现则更多是扩散。同时，点轴开发具有空间和时间上的动态连续特征，是极化能量摆脱单点的限制走向整个空间的第一步。

(二) 过渡性

点轴开发模式将开发重点由点转向了轴线，而多个点轴的交织就构成了网络，点轴开发成为网络形成的过渡阶段；随着区域网络的完善，极化作用减弱而扩散作用增强，区域经济逐渐趋于均衡，因此，点轴渐进是区域不平衡向平衡转化的过程。对于欠发达地区来说，也是二元经济结构的逐渐消除过程。可见，对于区域开发与规划实践来说，点轴渐进扩散理论除了回答经济发展和集聚过程外，更重要的是还提供了极化方向和时序控制这一新手段。

四、我国点轴开发模式的主要思路

首先，我国要重点开发沿海、沿江、沿河三大轴线地带，使之逐渐成为国家未来发展的增长轴。

其次，在国家财政投资有限的情况下，中西部应积极选取和培育有较大发展优势和潜力的增长极、增长带和增长中心，以此为突破口，振兴中西部经济。中部地区的区位条件优越，且矿藏丰富，城市相对密集，发展潜力大。而西部的优势主要在于丰富的资源。西部应充分发挥水资源、环境资源、自然资源和矿产资源等优势，从地区特色出发，迅速建立经济增长极，对于那些可以成为增长极的“点”，不妨借鉴东南沿海地区的发展经验，实行特殊的政策和灵活措施，吸引境外、东部的资本来投资，再现特区效应。

最后，对沿边地区实行全方位开放，使之成为对外贸易和投资的热点。开发开放边疆地带不仅具有政治意义，而且对社会安定、国家安全具有深远意义。因此，需要重点建设边疆经济特区，使其成为沿江开放地带经济发展的生长点，通过高层次的出口加工，使特区成为边境经济发展的推动力，通过多种经济合作形式，不断扩大对外开放的广度和深度，更好地促进边疆经济的发展。

点轴开发理论基本符合生产力空间运动的客观规律。首先，它通过重点轴线的开发和渐进扩散形式，弥补梯度推移的平面板块式的递进方式的不足，真正发挥主体优势，有利于转化区域二元结构，促进城镇周围乡村经济的发展，从而更好地协调城市与区域及区域间的经济发展。其次，通过“点”“轴”两要素的结合，在空间结构上，出现由点而轴、由轴而面的格局，呈现一种立体结构和网格态势，对于信息的横向流动和经济的横向联系有较大的优越性。此外，它有利于最大限度地实现资源的优化配置，避免资源的不合理流动，同时它有助于消除区域市场壁垒，促进全国统一市场的形成。

五、点轴开发模式的适用性和极化效应

对于点轴模式的适用性，要关注以下三点：

第一，注意所在区域的经济发展水平；

第二，注意各增长极之间的经济联系程度；

第三，注意发展轴的经济合理的空间距离。

当主导产业形成之后，在增长极上面将会产生极化效应，即增长极周围区域的生产要素向增长极集中，增长极本身的经济实力不断增强。人们现在一般把一个区域内的中心城市称为增长极，把受到中心城市吸引的区域称为“极化区域”，在纯粹的市场经济条件下，人们进行区域经济规划的区域应当是极化区域。

为什么主导产业的形成会在增长极产生极化效应？这主要是由规模经济引起的产业聚集，使增长极能够不断成长壮大。规模经济是指随着生产规模

的扩大而导致生产成本下降和收益增加。产业聚集一般有三种形式：由于共同利用基础设施而获得成本节约的聚集，由于产业链的产前产后联系而获得成本节约的聚集，由于管理方便引起的聚集。产业聚集将带动科技、人才、信息、第三产业等的聚集，使产业聚集的空间载体增长极，变得越来越强大，对周边地区的要素吸引也越来越大，从而形成生产要素向增长极集中的趋势，即极化作用。

如果极化效应一直在强化的过程中，生产要素就会一直向增长中心集中，就不可能形成发展轴，也就不会出现点轴开发模式。

六、点轴开发模式的扩散效应

扩散效应是与极化效应同时存在、且作用力相反的增长极效应，其表现是生产要素从增长极向周边区域扩散的趋势。为什么增长极的产业会向周边地区扩散呢?

第一，点轴经济上的互相依存，使增长极在产生伊始就存在扩散效应。在极化区域的生产要素与增长极聚集的过程中，形成了一个连续不断的物流，由于市场交易的存在，增长极在获取物质资料的同时，资金也同时流向周边地区。只要两地建立了市场经济的贸易关系，生产要素就始终是双向流动的，所以极化效应和扩散效应也是同时存在的。

第二，由于技术发展水平的不断提升，增长极上的产业技术不断发生更替。增长极存在着产业不断更替的规律，被更替的产业向增长极周边地区转移，随着增长极的规模扩大和技术水平提升，这种趋势越来越明显，表现出来的结果是扩散效应一天比一天增大。

第三，随着社会经济发展水平的提高，产业部门存在扩散的趋势。随着社会经济的发展，一些在增长极无法从事的产业的需求越来越大，加入这些产业的生产要素从增长极向周边扩散，以促进这些产业的发展，例如，旅游业、资源开采业、仓储业，以及倾向于原料产地的制造业等。扩散效应又被称为“涓滴效应”，即生产的发展通过扩散而促进增长极周边所有地方的发展，从而缩小地区之间的差异。

扩散效应会不会产生点轴开发模式？这关键要看扩散的方向和强度。如果让生产要素沿着一个既定的方向大强度扩散，比如沿一条主要交通线扩散，就可以形成一个规划中的发展轴，形成点轴开发模式，但这只有在政府的强势引导下才能做到。

在一般的市场经济条件下，生产要素将向能够获得最大效益的最优区位的方向扩散，而其方向不是固定的。用韦伯的区位论的理论来解释，就是企业总是要获得运费最低的布局地点。这样也就可以解释为什么上海的产业扩散方向是江浙的长江三角洲地区，而不是沿长江溯江而上；目前形成的是长江三角洲都市圈，而不是沿长江的发展轴。

为什么生产要素不会沿一条主要交通线扩散？因为地区的交通运输获得了长足的发展，一个交通运输的网络已经基本形成。对于两个面积和人口都相等的经济区域而言，如果舍去其他因素的影响，一个绵延千里的区域，单位产值的生产成本必然高于一个具有很大紧凑度的区域。

点轴开发模式理论的实践意义，在于该理论先揭示了区域经济发展的不均衡性，即可能通过点与点之间跳跃式配置资源要素，进而通过轴带的功能，对整个区域经济发挥牵动作用。因此，必须确定中心城市的等级体系，确定中心城市和生长轴的发展时序，逐步使开发重点转移扩散。

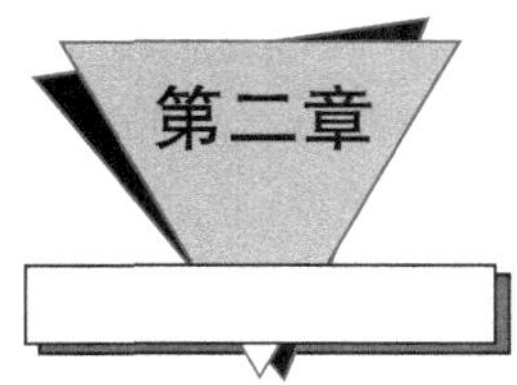

国内外主要都市圈和产业创新走廊

大都市圈理论，又叫城市群理论，是区域发展的基础理论之一。自1957年法国著名经济学家戈特曼提出这一概念以来，已在全世界被广泛运用，并被作为衡量一个国家或地区经济和社会发展水平的重要标志。所谓“大都市圈理论”，通俗的说法就是在一定地理或行政区域内，以一两个大城市或特大城市为核心，辐射并带动周边范围内的一批中小城市，使其成为在全球范围有一定影响力、竞争力的区域城市群或城市带。这种城市群或城市带具有集聚效应的制造业产业链和集约化的永久性城市社区居民群体。

第一节　国外都市圈

一、主要的国际性都市圈

世界经济经过近两百年的发展，很多不知名的村庄已经发展成了城市，其中一些城市成为国际性大都市。围绕着这些国际性大都市，又建设了卫星城市，形成了国际性的都市圈。

世界著名的都市圈有很多，以下是一些知名的都市圈以及它们截至2022年底的主要标志性数据①。

纽约都市圈：位于美国，GDP为17 721亿美元，人口为2 352万人，面积3.45万平方千米。

东京都市圈：位于日本，GDP为16 617亿美元，人口为3 612万人，面积1.35万平方千米。

洛杉矶-长滩都市圈：位于美国，GDP为10 476亿美元，人口为1321万人，面积1.26万平方千米。

首尔都市圈：位于韩国，GDP为8946亿美元，人口为2 583万人，面积1.18万平方千米。

旧金山-奥克兰-圣荷西都市圈：位于美国，GDP为8 796亿美元，人口为884万人，面积1.8万平方千米。

---

① 以下数据来源于百度网络数据追踪。

伦敦都市圈：位于英国，GDP 为 8 605 亿美元，人口为 1 425 万人，面积约 1.6 万平方千米。

巴黎都市圈：位于法国，GDP 为 8 064 亿美元，人口为 1 253 万人，面积 1.2 万平方千米。

华盛顿-巴尔的摩都市圈：位于美国，GDP 为 7 460 亿美元，人口为 976 万人，面积 3.27 万平方千米。

上海都市圈：位于中国，GDP 为 6 933 亿美元，人口为 3 413 万人，面积 1.57 万平方千米。

芝加哥都市圈：位于美国，GDP 为 6 894 亿美元，人口为 986 万人，面积 2.82 万平方千米。

大阪-神户都市圈：位于日本；GDP 为 6 810 亿美元，人口为 1 200 万人，面积 4 291 平方千米。

纽约都市圈：位于美国；GDP 为 6 810 亿美元，人口为 6 500 万人，面积 13.8 万平方千米。

深圳都市圈：位于中国；GDP 为 5 496 亿美元，人口为 1 779 万人，面积 3.6 万平方千米。

达拉斯-沃斯堡都市群：位于美国；GDP 为 5 258 亿美元，人口为 687 万人，面积 4 000 平方千米。

在戈特曼时代，他给出世界存在六大都市圈：纽约都市圈，占美国 GDP 的 30%；环五大湖都市圈，占美国 GDP 的 20%；巴黎都市圈，占欧洲 GDP 的 30%；伦敦都市圈，占英国 GDP 的 50%；东京都市圈，占日本 GDP 的 60%；长江三角洲都市圈，占中国 GDP 的 20%。当然，现在的世界都市圈情况发生了很大变化，特别是在中国的都市圈崛起之后，大量百万级人口城市出现，簇拥着千万以上的人口城市，形成了新时代的都市圈。

二、纽约都市圈

纽约都市圈（Greater New York City Area，又名美国东北部大西洋沿岸城市群）是世界十大都市圈之一，该都市圈拥有纽约、波士顿、费城、巴尔的摩和华盛顿 5 座大城市。作为世界经济和国际金融的神经中枢之一，纽约

占据了区域内的核心地位，而位于波士顿郊区的G128号公路两侧则聚集了数以千计的研究机构和高科技企业，被称为“美国东海岸的硅谷”。在G128公路兴起的大半个世纪中，其周边的麻省理工学院、哈佛大学和波士顿大学等著名学府都扮演了极其重要的角色。

（一）波士顿

从波士顿到华盛顿，包括波士顿、纽约、费城、巴尔的摩、华盛顿等大城市共40个。该都市圈面积为13.8万平方千米，占美国面积的1.5%，目前常住人口约9 000万人。

其中，波士顿是该城市群中历史最悠久的大城市。波士顿的产业转变深深影响了当地金融机构的发展轨迹，为中小企业提供资金的风险投资成为当地金融业的主流，其规模仅次于硅谷。这些地方性金融机构和银行，也为金融中心纽约提供了有益的补充。如今，金融业只占波士顿经济结构的8%，而高科技研发、教育、商业、贸易等产业则占据了半壁江山。

（二）纽约

纽约与波士顿类似，纽约都市圈内的其他核心城市也都根据自身的特点，寻找着与纽约错位的发展之路。费城的国防、航空、电子产业，巴尔的摩的矿产业和航运业，使得区域内的产业分布呈现出多元和互补的格局。而这些城市各自的发展始终离不开纽约金融中心的辐射作用。

纽约在整个城市圈中处于地理和经济地位的双重核心。而它对整个城市圈的影响力，很大程度上来自那条全长仅有500多米的华尔街。华尔街云集了包括纽约证交所、美联储、高盛、美林证券、摩根士丹利等响当当的金融机构，正是这些知名机构使华尔街成了国际金融界的“神经中枢”，而它们的存在也让纽约城市圈获益匪浅。

高质量的服务，离不开高素质的人才。在纽约的上班族当中，35%的人口集中在金融行业。其中不少上班族不住在纽约，有些人甚至住在费城，这群上班族每天早晚要花费一两个小时，乘坐火车、地铁、汽车往返于家和公司。

借助纽约的资本优势，都市圈内的城市都形成了各自的产业亮点。孤立地看，费城的重工产业，波士顿的高科技产业，巴尔的摩的冶炼工业，每座城市的主导产业都是单一的；但放眼整个都市圈，多样化、综合性的整体功能，远远大于单个城市功能的简单叠加。以纽约为核心，制造业带、交通带、城市带融为一体，形成了多核心的城市群体系。区域内产业布局合理，加大了城市间的互补性，从而提高了整个都市圈的经济稳定性。

（三）华盛顿

在纽约都市圈，美国首都华盛顿的存在为整个城市圈抹上了浓重的政治色彩。华盛顿作为政治中心的辐射力，在华盛顿特区体现得尤为明显。白宫、国会山、五角大楼、美联储，这些标志性建筑不仅为华盛顿带来了源源不断的游客，也为这一地区的经济提供了强有力的支撑，使其成为世界少有的仅以政府行政职能为主的现代化大城市。

2022 年，华盛顿都市区 GDP 总量为 5 367. 25 亿美元，位居全美都市区第四；人口数量为 503. 42 万人，位居全美第五；人均 GDP 为 10. 66 万美元，全美第六；个人收入总额为 4 100. 70 亿美元，位居全美第四。由于华盛顿都市圈人口众多，其人均收入仅为 81 458 美元，在全美排名为第 16 名[①]。联邦政府对华盛顿地区的转移支付较大，几乎占华盛顿特区政府财政收入的三分之二。

（四）纽约都市圈的区域规划

在纽约的区域规划中，保持并提高其世界一流城市的地位，始终是重中之重。历史上，纽约都市圈经历过三次重大调整。1921 年第一次调整主要是向郊区扩散，却产生了城市规划铺张、土地资源利用率低下的问题；1968 年纽约的第二次规划，重点是建立多个城市中心，但结果还是因为土地利用效率降低，城市空洞化现象严重等问题而以失败告终。1996 年，美国东北部大西洋沿岸城市带的规划，确立了拯救纽约都市圈的全新理念。这一理念的核心是在经济全球化进程中扩大地区竞争的视野，纽约、新泽西州和康涅狄格州共同繁荣的重要性，以及再连接、再中心化的思路。这次规划的结果是今天区域经济得以整体、协调发展，中心城市以其科技、资本和产业优势，在产业结构调整中发挥了先导创新作用。纽约作为中心城市的实力和地

① 2022 年美国 31 个都市区 GDP、人均 GDP 排名榜 美国都市区：美国管理和预算办公室（OMB）根据适用于人口普查局数据的已发布标准定义都市区。雪球 https：//xueqiu. com/5296061618/270585342。

位得到提升，而周围地区也获得了良好的发展契机。

这一强调区域合作的规划是在大纽约市政府和非政府的纽约区域规划协会、纽约大都市区委员会等组织的积极倡导下完成的，政府和非政府机构的紧密合作，在区域规划和区域发展协调机制等方面发挥了重要作用。这些跨行政区的协调组织或者都市区政府的存在，并没有剥夺地方政府的权力，而是对传统行政管理体制的必要补充。跨行政区协调组织的存在极大地强化了规划的科学性、民主性和权威性，并令区域经济协调发展成为可能。

巴尔的摩市区与华盛顿特区的邻近使得它分享了很多联邦开支和政府采购合同，国防工业在巴尔的摩有了很大发展，典型的例子是波士顿 128 号公路高科技产业区的形成和发展。第二次世界大战后，美国联邦政府为了冷战和空间军事竞争的需要，投入巨资进行军事技术开发，使大部分资金落入 128 公路附近的公司和麻省理工学院实验室手中。1950 至 1960 年，这一地区仅从美国国防部就获得了价值 60 亿美元的订货合同。此后，美国联邦政府在 128 公路地区的订单金额每年增加 10 亿美元。在联邦政府巨额研制资金和军品订单的强有力的支持下，整个 20 世纪 60 年代，128 公路地区的创新活动极其活跃，各种发明层出不穷，新公司不断涌现。晶体管、半导体芯片、电子计算机都是这一时期的创新成果。军事科技领域的需求催生了该地区的繁荣。麻省理工学院作为国防和航天研究合同的主要承担者和受益者，已成为波士顿地区经济转型的先锋。

三、东京都市圈

东京都市圈也称日本首都圈或东京圈，居日本三大都市圈之首，是以首都东京为中心的巨型都市圈。东京成田国际机场和东京羽田国际机场均属于日本国家中心机场。东京都市圈也是日本太平洋沿岸城市群的核心组成部分之一，实际范围一般包括东京都、神奈川县、千叶县、埼玉县，因此又称为一都三县（日语：一都三県），与南关东的范围相同。日本政府为统合东京及周边区域发展而制定《首都圈整备法》，将首都圈未来的涵盖范围扩大至整个关东地方（茨城县、栃木县、群马县、埼玉县、千叶县、东京都、神奈川县）以及山梨县。2000 年，首都圈总人口约 3 340 万人，面积 13 514 平

方千米，人口密度约为每平方千米 2 470 人。

（一）东京都市圈基本情况

“首都圈”这个概念在日本最早可以追溯到 20 世纪 50 年代中期。根据 1956 年颁布的《首都圈整备法》第二条第一款，首都圈是“将东京都地区和政令指定的周边地区合为一体的广大地区”。此外，《首都圈整备法》施行令第 1 条规定了这个“政令指定的周边地区”，即“埼玉县、千叶县、神奈川县、茨城县、枥木县、群马县和山梨县地区”。另一方面，九都县市首脑会议又称“首都圈首脑会议”，由一都三县（埼玉县、千叶县、东京都、神奈川县）和位于同一都县的五个政令指定城市（横滨市、川崎市、千叶市、埼玉市、相模原市）的知事和市长组成。这也意味着，日本的“首都圈”一词对不同使用者的定义是不同的，这表明研究者没必要以《首都圈整备法》中的“首都圈”定义为准。

近年来，“东京圈”（生活圈）或“东京都市圈”（都市圈）等有别于指代东京周边地区的“首都圈”的用语，开始与“首都圈”同义使用，这些区域本来指的是与首都圈不同的范围。因此，首都圈这种说法从严格意义上来讲，已经开始逐渐被涵盖范围更小的“东京圈”“东京都市圈”等概念所取代了。以“东京都市圈”为例，它的范围是东京都加上神奈川、千叶、埼玉这三个县。

此外，日本还有一个说法，东京圈也叫“关东大都市圈”。这是国势调查和住宅土地统计调查结果中使用的统计地区分类之一。

“关东大都市圈”最初是在 1960 年的国势调查中设定的，从 1975 年的国势调查以来，它被定义为一个由东京都特别区和政令指定城市组成的“中心市”、15 岁以上在中心城市通学通勤的人数大于常住人口数的 1.5%且与中心城市相连的市町村，以及被这些市町村包围的市町村所构成的“周边市町村”相结合的地区。

在中心城市之间相互接近的情况下，这几个城市将会被合并为一个大都市圈来处理。因此，东京周边的大都市圈的中心城市，在 1975—1990 年的国势调查中是东京特区、横滨市和川崎市，1995 年在日本国势调查后加入了千叶市，2005 年国势调查后加入了埼玉市，2010 年国势调查后又加入了

相模原市。

与此同时，大都市圈的名称也从“京滨大都市圈”变为“京滨叶大都市圈”，再演变为“关东大都市圈”。

2015 年国势调查的关东大都市圈由茨城县、栃木县、群马县、埼玉县、千叶县、东京都、神奈川县、山梨县、静冈县的一都八县的 23 个特区、132 个市、55 个町和 5 个村所构成。

在各种统计资料中，把距离东京都中心 50～70 千米的范围内，或者把东京都、埼玉县、千叶县、神奈川县的一都三县定义为“东京圈”或“东京都市圈”的事例比较多。

近年来，包括内阁府在内的政府机关和民间团体把“首都圈”这个词作为“东京圈”和“东京都市圈”（东京都区部及其邻近区域）的概念来使用。

（二）东京都市圈的经济情况

东京都约有 1 372 万人（截至 2017 年 5 月），根据定义不同，东京都市圈的总人口规模可达 3400 万至 3700 万人左右，在世界上所有都市圈中位居首位。东京都区部的人口约为 944 万人（截至 2017 年 5 月），但考虑到昼夜人口变化，办公区较多的东京都区部白天人口会更多。

2023 年度东京都的生产总值约为 9521 亿美元，纽约市的生产总值为 1.06 万亿美元，东京都的经济规模略低于纽约市。

2023 年，美国智库“全球城市实验室”发布的全球城市年度综合排名中，东京被评为世界第三大城市，仅次于纽约和伦敦。中国的上海和香港分别位列全球第九和第十。

（三）东京都市圈的地域

东京人口的迁移性很强。在郊区，呈放射状扩张的近郊铁路的人口密度较高，但在放射铁路之间区域的人口密度较低。换句话说，它呈现出海星状或星状的都市圈结构。

东京和其他都市圈副中心城市大致位于 10 千米的范围以内。副中心城市在中心城市外面形成了卫星城，其特点是相对人口而言，其商业和业务功能的集聚度很小。同时，在 20～40 千米的区域内，还散布着一些自治体，它们被指定为都市副中心的业务核（类似于我国的卫星镇）。

此外，在关东大地震和第二次世界大战后，产生了城市蔓延现象，住宅区以无序的、虫蛀般的方式从东京都区部扩展到郊区。为了应对这种情况，东京都建设了多摩新城等大型新城，与最初的规划不同，其重点主要是住房供应，企业的发展没有取得太多进展。

关东地区的天空广阔，包括东京都、神奈川县、埼玉县、枥木县、群马县、山梨县、长野县、新潟县和静冈县的一都八县，通常被称为“横田空域”。该地区的航空管制也影响到羽田机场往返航线的设置，羽田机场是日本国内航空最重要的枢纽机场。这也是在成田国际机场建造新机场的原因，该机场几乎不受该空域的影响。

羽田机场起飞航线主要受横田空域影响，但1992年和2008年9月25日部分空域的恢复，缓和了运营期间所需的起飞增长率，增加起飞路线设置的自由度，有助于增加出发的次数。

另一方面，由于使用横田空域的军用飞机和自卫队飞机的空域设置为低空，因此用作进出道路的地区继续遭受噪声问题的困扰。除了横田空军基地（多摩地区）外，神奈川县还有以厚木基地、横须贺基地和座间基地为代表的密集的美军基地。由于美国军事基地的数量众多，有时会将神奈川县的16号国道（相模原市–横浜市–横须贺市）与冲绳县的58号国道（嘉手纳周边）相比较。

随着东京都市圈人口的增加，都市圈的地价飙升，东京都市圈的居民寻求更便宜、更宽敞的楼面面积的住房，人口逐渐向都市圈边缘蔓延。随之而来的是东京都市圈在边缘地带的扩大和集中，这导致了中心空洞化的现象。

进入平成时期，特别是在新干线沿线，将通勤圈扩大至远方的趋势十分明显。三岛和宇都宫、那须盐原、新白川、高崎、前桥就是例子，当东海道新干线、东北新干线和上越新干线开通时，它们通常不被认为是东京的通勤区，但自从泡沫经济以后，它们被归入了东京的主要通勤区。此外，在长野新干线开通后，这种趋势也蔓延到了安中榛名、轻井泽（也是首都圈居民的别墅区）和佐久平。

东京都市圈的地域范围还在不断扩大。

东京都市圈不仅包括东京都、神奈川县、千叶县和埼玉县的大部分地区，还包括茨城县的西南部、栃木县的最南端、群马县的东南部和山梨县的东部，正呈现出更大范围的扩张趋势。

第二次世界大战后，东京湾沿岸的工业积累显著进步，特别是在经济高速增长时期。以吸纳日本各地农村富余劳动力的形式，聚集了一批被称为“金蛋”的青年劳动者（主要是第二产业劳动力），尤其是临海地区的人口增长迅速。此外，在经济快速增长之后，从遍布日本的销售网络中收集的销售（内需）和贸易盈余（外需）都集中在东京，东京都市圈吸纳了第三产业劳动力，人口急剧增加。

随着标准化公寓小区的相继建成，以及人们对郊区良好的居住环境和住宅的需求，以新城为典型代表的郊区迅速向住宅区转化，导致了东京都市圈扩展到特别区以外的地方。这种郊区化在很大程度上是由于战前已经建立的铁路网，现有的铁路不得不一再增加运输能力，并建设新的车站。除上述情况外，线路的延伸和新线路的开通也频繁出现。因此，住宅区的发展沿着以东京都为中心的交通网向四周辐射，除多摩地区外，还蔓延到邻近的神奈川县、千叶县、埼玉县，以及茨城县西南部和栃木县南端。

在欧美国家的大城市中，中心城市（包括市中心）和郊区的卫星城市之间有绿化带。在东京都市圈，虽然设想在部分地区建立环城，但并没有实现，地方政府的领地更多的是名义上的区域。

像这样，由于东京都区部以外的都市圈的不断扩大，白天在东京都区部工作、学习，晚上回到东京都区部外的“多摩都民”“神奈川都民”“千叶都民”“埼玉都民”“茨城都民”等被称为“××都民”的新居民数量急剧增加。这些居民又被称为“新居民”，他们与居民区和“旧居民”的关系疏远。但近年来，随着新老居民的交流和区域货币的推行，新社区的建设已经开始。

在泡沫经济时期，由于东京的地价上涨，北起那须盐原，西至烧津，乘坐新干线和常规线去东京上班的事情也变得普遍起来了。随着一系列通勤圈的扩张，临近地区的人口不断增加，以其居住人口为背景的卫星城市群的都心商业活跃起来了。然而，随着经济高速增长的结束和泡沫经济的崩溃，地区间的两极分化也开始加速。从20世纪90年代后半期开始，城市圈由原来的扩张趋势转为回归城市中心，都心部的人口增加，郊区的人口减少。在东京的都心部，在重新开发盛行、被新富阶层居住的同时，住在破旧公寓里的老人、独居的年轻人、被称为“网吧难民”的贫困阶层和无家可归者也在不断增加。另外，在郊外的据点城市，在新都心建设、商业功能发展和人口增长的同时，也要注意到老旧住宅区的人口减少和急剧高龄化的现象。

四、巴黎都市圈

巴黎都市圈的主要城市有巴黎、阿姆斯特丹、鹿特丹、海牙、安特卫普、布鲁塞尔、科隆等。这个城市带10万人口以上的城市有40座，总面积14.5万平方千米，总人口为4 600万人①。

（一）巴黎都市圈的基本情况

巴黎都市圈以法国巴黎为中心，沿塞纳河、莱茵河延伸，覆盖了法国的巴黎，荷兰的阿姆斯特丹、鹿特丹，比利时的安特卫普、布鲁塞尔和德国的科隆等西北欧的广大地区，包括4个国家的40个十万人以上的城市。

巴黎都市圈是世界上最大的跨国都市圈，包括了法国的巴黎-里昂-阿费尔城市圈、德国的莱茵-鲁尔城市圈、荷兰的兰斯塔德城市圈，以及比利时的安特卫普城市圈。巴黎都市圈经济发达，是仅次于纽约和东京的世界第三大城市经济体。其中，由7个省组成、有“法兰西岛”之称的大巴黎地区是这个都市圈的核心。整个大区面积仅为法国国土面积的2%，但人口却占到了法国总人口的19%，是欧洲人口最密集的都市地区。

法国的巴黎-里昂-阿费尔城市圈是沿塞纳河下游的带状城市群。德国的莱茵-鲁尔城市圈是因工矿业发展而形成多中心城市聚集区，是德国主要的工业中心，也是欧洲的工业重心，该都市圈位于北莱茵-威斯特法伦州的5个行政区内，聚集了波恩、科隆、杜塞尔多夫、埃森等20多个城市。荷兰的兰斯塔德都市圈是一个多中心马蹄形环状城市群，包括阿姆斯特丹、鹿特丹和海牙3个大城市以及众多小城市，这些城市之间的距离仅有10~20千

① 巴黎都市圈的研究，https：//max. book118. com/html/2017/0619/116660119. shtm。

米，其主要特点是把一个城市所具有的多种职能分散到大、中、小城市，形成了一个大中小城市体系健全、城市间实现有机的功能分工和协作的都市圈。

（二）巴黎都市圈的优势

与其他都市圈相比，巴黎都市圈具有独特的优势。巴黎集中了众多的国际企业和高级研究机构，进行着频繁的国际商业活动，作为世界历史名城，巴黎有着丰富的历史文化遗产、旅游胜地和丰富的都市文化生活。巴黎产业部门齐全，奢侈品生产是巴黎工业的一大特色，在工业生产中居第二位，产品有贵重金属器具、皮革制品、瓷器、服装等，巴黎的金融、保险、商业、会议博览和旅游业都很发达，第三产业就业人口占巴黎就业人口的70%。法国目前拥有1万千米高速公路和全世界最发达的公共交通系统，巴黎市内水、陆、空交通发达，地铁与公交网覆盖全部市区。

巴黎拥有极为便利的交通设施，加上郊外的高速铁路系统，可以通达整个欧洲，使巴黎成为欧洲的交通枢纽，由巴黎至伦敦、布鲁塞尔、阿姆斯特丹、科隆及德国西部等地的航程均在一小时之内。

巴黎成为都市圈的核心，与其世界文化艺术之都的地位分不开。100多年来，法国政府一直致力于完善巴黎的城市规划政策，力求让这座汇集了世界文化珍品的千年古城，在延续历史传统和实现现代化发展之间找到平衡点，在风格迥异的世界大都市中保持自己独特的城市身份。

（三）巴黎都市圈的历史

2000多年前，巴黎这座欧洲大陆最大的城市，只是塞纳河西岱岛上的一个小渔村。公元前1世纪，罗马人来这里定居，巴黎才有了它的雏形。500年后，巴黎成了法国的王都。11世纪，巴黎冲破了西岱岛的边界，沿着塞纳河右岸扩张。国王们大兴土木，宫殿、教堂、博物馆一座座被建起。从高卢罗马时代到第三共和国，短短661年间，巴黎的城墙被推倒重建了6次，每一次，巴黎都变得更大。不过直到19世纪，巴黎还是个杂乱肮脏的城市，街道狭窄，交通拥挤，污水横流，空气恶臭。1852年，拿破仑三世上台。在他的推动下，1853年，巴黎地区行政长官奥斯曼开始了史无前例的城市改造。他像切蛋糕一样，在市中心开辟出一条条林荫大道，它们把原来散乱的道路贯穿起来，织成了一张连通东西南北的道路网。而在网格里，则布满了新建的公园和绿化带。为了保持城市外观的统一协调，奥斯曼还严格限定了建筑的高度、样式，甚至屋顶和外墙的颜色。150 年后的今天，现代巴黎依然在享受着那次城市改造的成果。

（四）巴黎都市圈的发展规划

从 19 世纪末开始，在工业加速发展的推动下，巴黎城市建设大规模发展，工业企业在近郊自发聚集，独立式住宅在工业用地外围成蔓延之势。1932 年，法国第一次通过法律提出打破行政区域壁垒，根据区域开发需要设立巴黎地区，并对城市发展实行统一的区域规划，但这次规划仅将巴黎地区限定在以巴黎圣母院为中心的半径 35 千米之内。第二次世界大战后，巴黎市政府对城市重新调整布局，进一步推进城区非工业化，将市区一些基础工业向外转移，城市的高级服务功能则集中到市中心。1956 年，《巴黎地区国土开发计划》完成，提出了降低巴黎中心区密度，提高郊区密度，促进地区均衡发展的新观点，建议积极疏散中心区人口和不适宜在中心区发展的工业企业，在近郊区建设相对独立的大型住宅区，在城市建成区边缘建设卫星城。在这个规划中，新建的大型住宅区和卫星城基本被安排在城市建成区内进行，以确保郊区的人口增长不会导致城市用地的继续扩张，从而达到提高郊区人口密度的目的。这次规划建设的 5 座新城，不是脱离巴黎独立发展，而是与市区互为补充，构成统一的城市体系。新城保持就业、住宅和人口之间的平衡，不搞单一的工业城市，信息、通信、文化、商业、娱乐等基础设施被安排在新城中心区。新城居民在工作、生活和文化娱乐方面享有与巴黎老城居民同等的水平。国家对新城优惠政策的连续性，使新城建设得以快速发展。1960 年，《巴黎地区整治规划管理纲要》批准通过，该纲要主要有以下几点：一是疏解城市中心区人口，提高城市生活质量；二是利用城市近郊发展多中心城市结构；三是沿城市主要发展轴和城市交通轴建设卫星新城；四是建设发展区域性交通运输系统；五是合理利用资源，保护自然环境。

1989 年 7 月，政府对《巴黎地区整治规划管理纲要》进行修订，并于 1994 年获得议会批准，称为《巴黎大区总体规划》。该规划是巴黎大区发展必须遵守的法律文件，其中包含的《巴黎大区整治计划》成为大区建设的

指导性文件。《巴黎大区总体规划》体现的思路是：首先，保持城市之间的合理竞争；其次，在大区内各中心城市之间保持协调发展；最后，在各大区之间保持协调发展。《巴黎大区总体规划》将大区内部划分为建设空间、农业空间和自然空间，三者兼顾，相互协调，均衡发展，巴黎的这次规划和以后的建设，有效促进了法国的经济发展。

为了加强巴黎都市圈与其他世界城市的联系，巴黎重点发展航空与高速铁路，在具体项目中注意航空港的建设如何积极适应对外开放的需求，并且留有足够的发展用地。发达的高速铁路网既可以使法国城市与欧洲其他大城市之间的联系更加便捷，又可以促进巴黎都市圈内的往来，使区域的社会功能高效地运转，为人们的工作、娱乐、休憩等各种活动提供最为方便的服务。

（五）巴黎都市圈形成的特征

在巴黎都市圈建成过程中，政府首先运用法律手段支持都市圈规划执行，以法律形式规范城市规划是成就巴黎都市圈最重要的特征。如前所述，在工业革命推动下，巴黎地区城市建设规模迅速增长，从 1932 年通过法律提出打破行政区划壁垒，对城市发展实行统一规划，到 1994 年批准《巴黎大区总体规划》，前后历经六十余年，虽经过战争和经济波动，但城市规划始终不脱离法制规范，保持了规划的权威性和可执行性。《巴黎大区总体规划》是目前巴黎大区发展中必须遵守的法律文件，其中包含的《巴黎大区整治计划》也成为大区建设的指导性文件，促进了法国经济发展和巴黎大都市圈的最后建成。《巴黎大区总体规划》将保护自然环境作为首要目标，显示了法国政府对发展与环境的积极主动态度。在这一首要目标的指导下，尊重自然环境与自然景观、保护历史文化古迹、保留城镇周围的森林、保留大区内的绿色山谷、保留农村景色、保护具有生态作用的自然环境等等，都被列为必要的措施。

从历史与区位看，巴黎都市圈具有欧洲乃至全球大都市的众多优势，在欧洲乃至世界占有重要地位，如果没有正确的规划指导，这些优势将得不到充分发挥。同时，随着欧盟的东扩，巴黎都市圈位于西欧经济区与地中海盆地经济区之间，区域平衡发展显得极为重要。第二次世界大战后，巴黎市政

府一直高度重视这一问题，如1956年的《巴黎地区国土开发计划》继承了1934年规划的思想，提出了降低巴黎中心区密度，提高郊区密度，促进地区均衡发展的观点。1960年通过的《巴黎地区整治规划管理纲要》《巴黎地区区域开发与空间组织计划》，1965年通过的《城市规划和地区整治战略规划》，1994年批准的《巴黎大区总体规划》，都集中突出了以下特点：首先，强调巴黎都市圈整治的基本原则是强化均衡发展，城市之间应合理竞争，大区内各中心城市之间、各大区之间应保持协调发展；其次，将大区内部划分为建设空间、农业空间和自然空间，三者兼顾，相互协调，均衡发展；最后，明确了政府不干预规划的具体内容，但是要对重大项目的决策负责，如大型基础设施建设、建筑产业政策、城市开发组织、环境保护与巴黎盆地地区的协调等。

五、伦敦都市圈

伦敦都市圈是指以英国首都伦敦为中心，以伦敦-利物浦为轴线所形成的城市群，它是英国最重要的政治、经济和文化核心。伦敦都市圈包括大伦敦地区、伯明翰、谢菲尔德、利物浦、曼彻斯特等大城市，以及众多小城镇。该城市带面积为4.5万平方千米，人口为3 650万人①。

（一）伦敦都市圈的基本情况

伦敦都市圈是产业革命后英国主要的生产基地和经济核心区。由伦敦城和其他32个行政区共同组成的大伦敦是这个都市圈的核心，由工业中心慢慢演变成金融和贸易中心。近10多年来，凭借着每年210亿英镑的产值，大伦敦的创意产业成为仅次于金融服务业的伦敦第二大支柱产业。不少评论都把世界最酷城市的桂冠送给了伦敦。

伦敦都市圈坐落在英国东南部地区（也叫伦敦大都会区），是以伦敦为核心城市，由伦敦及周边的剑桥、牛津、南安普敦、米尔顿凯恩斯、朴次茅斯、雷丁、布莱顿、坎特伯雷、多佛、滨海绍德森、伊普斯维奇等城市组成的都市圈，地域上包括伦敦及周边的赫特福德郡、牛津郡、剑桥郡、伯克

① 伦敦世界城市建设的特征及对我国城市发展的启示，城市观察，2022.05。

郡、肯特郡、埃塞克斯郡、萨福克郡、萨里郡、白金汉郡、汉普郡、东萨塞克斯郡、西萨塞克斯郡等郡，总面积是 4.5 万平方千米。伦敦都市圈面积占英国陆地总面积的 11%，却集中了英国 1/2 的人口，是英国最大的都市圈，也是欧洲最大的都市圈。

伦敦都市圈各成员城市距伦敦的直线距离都在 120 千米以内，由密如蛛网的铁路、高速公路、快速公路相连；伦敦都市圈拥有发达的海陆空交通，有南安普敦港、朴次茅斯港、多佛港、伦敦港等港口，有伦敦希斯罗国际机场、盖特威克国际机场、斯坦斯特德机场（在伦敦东北 48 千米的埃塞克斯郡斯特福德区）、卢顿机场（在伦敦西北 48 千米处的卢顿镇）等民用机场。位于伦敦以南 40 千米的盖特威克国际机场（在萨塞克斯郡克劳利区北郊）是一座建成通航于 1958 年的 4F 级国际机场，英国第二繁忙机场，可与上海、迪拜、伊斯坦布尔、纽约等近百座城市通航，2023 年旅客吞吐量达 4 329 万人次居于全球各大机场第 44 位、居于英国各机场第 2 位。

（二）伦敦的金融

伦敦是世界三大金融中心之一，有 500 多家银行在伦敦设有分支机构（包括中国工商银行、中国建设银行、中国银行、中国农业银行、交通银行、招商银行、上海浦发银行等），是汇丰控股（银行）、国民威斯敏斯特银行、巴克莱银行、劳埃德银行、渣打银行等大银行的总部所在地。汇丰银行是一家成立于 1991 年的英国规模最大的银行及金融服务机构，在 2023 年一级资本总额排名中位列世界各大银行第 9 名，在全球 80 多个国家和地区设有 7 000 多家分支机构，在我国上海、北京、长沙、合肥、重庆等 20 多个城市设有分支机构，其全球雇员有 26 万名，是《财富》世界五百强企业之一。国民威斯敏斯特银行（也叫国民西敏寺银行）成立于 1970 年，英国四大商业银行之一，隶属苏格兰皇家银行集团，在世界 30 多个国家和地区设有分支机构，在我国北京和上海设有分支机构。巴克莱银行是一家成立于 1862 年的英国第三大的商业银行，是以银行业及投资业为主的大型金融服务机构，在全球 60 个国家设有 2 000 多家分行，在我国上海、北京建有分行，《财富》世界五百强企业之一。劳埃德银行成立于 1765 年，是英国四大商业银行之一，《财富》世界五百强企业之一。伦敦是全球保险公司的集中之地，

有500家以上的保险公司在此设立分支机构，是英国保诚集团、英华杰集团、英国法通保险公司等大型保险公司的总部所在地。英华杰集团是英国最大、世界第五大保险集团公司（按全球总保费排名），成立于1696年，是欧洲寿险和养老金产品的主要供应商之一，业务遍及世界30多个国家，《财富》世界五百强企业之一。英国保诚集团是英国最大的上市人寿保险公司，成立于1848年，业务遍及世界20多个国家，在我国北京设有代表处。伦敦的管理咨询业高度发达，全球四大会计师事务所中的普华永道、安永和德勤的总部均在伦敦①。

（三）伦敦都市圈的交通

伦敦是英国最大的交通枢纽，有多条铁路、高速公路在伦敦交汇，拥有英国最繁忙的机场——希斯罗国际机场、英国最大的河港——伦敦港。位于伦敦市中心以西23千米处的希斯罗国际机场（在伦敦希灵登区）是一座4F级国际机场、门户型国际航空枢纽，通航于1946年，现有五座航站楼，可与北京、上海、广州、深圳、青岛、重庆、长沙、天津、香港、东京、新加坡、迪拜、开罗等200多座城市通航，2019年旅客吞吐量8 089万人次，居世界各大机场第7位、欧洲各大机场第一位。坐落在伦敦泰晤士河两岸的伦敦港是英国最大的内河港，也是英国历史悠久的港口之一，有集装箱码头、散货码头、油品码头等。

（四）伦敦都市圈的高等教育

伦敦高等教育发达，名校云集，有帝国理工学院、伦敦大学学院、伦敦国王学院、伦敦政治经济学院、伦敦玛丽女王大学、伦敦大学城市学院、伦敦布鲁内尔大学、伦敦大学伯贝克学院、伦敦大学亚非学院、伦敦大学金史密斯学院、威斯敏斯特大学、东伦敦大学、伦敦南岸大学、格林尼治大学、伦敦都市大学、（英国）皇家艺术学院、（英国）皇家音乐学院等，拥有4所世界百强名校——帝国理工学院、伦敦大学学院、伦敦国王学院和伦敦政治经济学院。帝国理工学院全称帝国科学技术与医学学院，是一所成立于1907年的公立研究型大学，世界百强名校之一，设有工程学院、医学院、

① 英国最大的都市圈：伦敦都市圈 http：//www.360doc.com/content/23/1107/20/39305010_1103139824.shtml。

商学院等，现有在校学生近 2 万名，知名校友有亚历山大·弗莱明等，在 2024QS 世界大学排名位列第 6。伦敦大学学院是一所成立于 1826 年的公立研究型大学，是伦敦大学联盟的创始学院，设有建筑学院、工程科学学院、医学院等，现有在校学生 4 万余名，培养有 33 位诺贝尔奖得主，知名校友有肯尼亚第一任总统乔莫·肯雅塔、日本著名作家夏目漱石等，在 2024QS 世界大学排名位列第 9。伦敦国王学院是一所成立于 1829 年的公立研究型大学，现有在校学生 3 万余名，培养了 16 位诺贝尔奖得主，知名校友有英国著名诗人约翰·济慈、英国小说家托马斯·哈代、英国物理学家詹姆斯·麦克斯韦、现代护理事业创始人弗洛伦斯·南丁格尔等，在 2024QS 世界大学排名居于第 40 位。伦敦政治经济学院是一所成立于 1895 年的公立研究性大学，设有经济学、政治学、国际关系学、人类学等院系，现有在校学生 1 万余名，培养有 18 位诺贝尔奖得主，知名校友有新加坡开国元首李光耀、加拿大前总理皮埃尔·特鲁多等，在 2024QS 世界大学排名居于第 45 位、英国大学排名居于第 8 位。伦敦玛丽女王大学也叫伦敦大学玛丽王后学院，是一所建于 1887 年的公立研究型大学，罗素大学集团成员，培养出 9 位诺贝尔奖得主，知名校友有在 2024QS 世界大学排名为第 145、居于英国大学第 21 位。伦敦大学城市学院是一所建于 1848 年的公立大学，别名伦敦都会大学，设有计算机学院、人文科学学院、健康科学学院等，在 2024QS 世界大学排名为第 328、居于英国大学第 38 位。伦敦布鲁内尔大学是一所成立于 1966 年的国立大学，设有商学院、法学院、工程设计学院等，校友在校学生 1 万余名，在 2024QS 世界大学排名为第 343、居于英国大学第 40 位。伦敦大学伯贝克学院是一所建于 1823 年的公立研究型大学，该校高度重视学术研究，主要以硕士和博士培养为主，下设 27 个研究所和 40 个博士授予点，现有在校学生近 2 万名，知名校友有卡尔·马克思（曾在该校任教）、阿尔弗雷德·华莱士等，在 2024QS 世界大学排名第 374、居于英国大学第 41 位。

（五）伦敦都市圈的世界文化遗产

伦敦是世界文化名城，有威斯敏斯特宫（英国议会大厦）和教堂以及圣玛格丽特教堂、伦敦塔、伦敦基尤皇家植物园、格林尼治海岸地区建筑群等四处世界文化遗产；位于伦敦威斯敏斯特区的威斯敏斯特宫也称议会大厦，是英国议会的所在地，是哥特复兴式建筑的代表作之一，该建筑包括有1 100个独立房间、100座楼梯和4.8千米长的走廊，它的西北角的钟楼就是著名的大本钟（2012年更名为伊丽莎白塔，威斯敏斯特宫的北面就是始建于960年的圣公会教堂——威斯敏斯特大教堂和建于11世纪的以绚丽的彩色玻璃著称的圣玛格丽特教堂。位于伦敦西南邱园的基尤皇家植物园斯世界最著名的植物园之一，是世界最大的植物分类学研究中心，占地121公顷，拥有近5万种来自世界各地的植物，世界遗产委员会评价基尤皇家植物园是18世纪到20世纪园林艺术发展最辉煌阶段的完美体现。位于伦敦郊区的格林尼治海岸地区建筑群包括格林尼治皇家天文台、皇家海军学院等，格林尼治天文台是英王查理二世于1675年在伦敦格林尼治建造的一个综合性天文台，1884年经过该天文台的经线被确定为全球的时间和经度计量的标准参考经线，也称零度经线。位于伦敦泰晤士河北岸、伦敦塔桥附近的伦敦塔是一组建于11世纪的有众多塔楼著称的塔楼建筑群，最初为控制伦敦城而建，后曾作为堡垒、军械库、国库、铸币厂、宫殿、刑场、天文台、避难所、监狱等使用，是诺曼底军事建筑的典型标志，也是英国王室权力的象征。

伦敦是英国的文化教育中心，拥有大英博物馆、伦敦自然历史博物馆、科学博物馆、维多利亚和艾伯特博物馆、泰特现代美术馆、英国国家美术馆、国家海事博物馆、伦敦交通博物馆等众多博物馆。大英博物馆又名不列颠博物馆，在1759年对公众开放，是世界上历史最悠久、规模最宏大的综合性博物馆，世界最著名的四大博物馆之一（与纽约大都会艺术博物馆、法国卢浮宫、俄罗斯埃尔米塔什博物馆齐名），拥有800万件藏品，分埃及文物馆、希腊和罗马文物馆、东方艺术馆等，馆藏珍品有埃及罗塞塔碑、拉美西斯二世头像等。泰特现代美术馆又名泰特英国艺术馆，于2000年开馆，专门收藏20世纪现代艺术作品，藏有毕加索、马蒂斯、达利、泰纳等大师的作品，被评为2020年全球20佳博物馆榜单第6名（仅次于法国卢浮宫、中国国家博物馆、梵蒂冈博物馆、纽约大都会艺术博物馆和大英博物馆，据《2020年全球主题公园和博物馆指数报告》）。伦敦的传媒出版业极为发达，世界四大通讯社之一的路透社、英国最大的新闻媒体——英国广播公司、英国发行量最大的报纸——《泰晤士日报》的总部都设在伦敦；成立于1851

年的路透社是英国最大的通讯社，向世界100多个国家和地区派出常驻记者，提供各类新闻和金融数据，向来以迅速、准确而享誉国际；成立于1922年的英国广播公司是全球最大的新闻广播机构之一，有广播、电视、门户网站，是由英国政府财政资助的公营媒体。《泰晤士报》是在英国全国发行的日报，也是对全球政治、经济、文化发挥巨大影响的报纸，创刊于1785年，现隶属于新闻集团，一直被认为是英国的第一主流大报。伦敦是英国培生集团等世界著名出版公司的总部所在地；成立于1944年的英国培生集团是全球最大的教育公司及书籍出版商之一，也是全球闻名的媒体公司，旗下拥有朗文出版社、企鹅出版集团、环球雅思、《朗文词典》等教育培训品牌和产品。

（六）伦敦都市圈的体育事业

伦敦体育事业发达，曾于1908年、1948年、2012年举办过三届夏季奥运会，是世界上举办夏季奥运会最多的城市；伦敦还主办过1934年大英帝国运动会（英联邦运动会前身）、2017年第16届世界田径锦标赛等大型体育赛事。伦敦建有伦敦奥林匹克体育场、温布利球场、酋长球场等著名的体育场，位于伦敦斯特拉特福区的伦敦奥林匹克体育场又名“伦敦碗”，是2012年伦敦奥运会的主会场，也是英超球队西汉姆联足球俱乐部的主场，最多容纳8万名观众；温布利球场是欧足联五星球场之一，是英格兰国家队以及英格兰国内杯赛的决赛场地，是欧洲最大的专业足球场，被公认为世界上最伟大的球场，拥有9万个座席，同时是1948年伦敦奥运会的主会场；酋长球场也是欧足联五星球场之一，是英格兰足球超级联赛球队阿森纳足球俱乐部的主场。

（七）伦敦的国际组织

伦敦是国际化的大都市，是世界海事组织、国际海事卫星组织、国际咖啡联盟等国际组织的总部所在地；国际海事组织是联合国负责海上航行安全和防止海洋污染的一个政府间海事协商组织，成立于1959年，现有成员国175个，总部设在伦敦。国际海事卫星组织是一个成立于1979年的改进海上通信技术的机构，现有89个成员国，总部设在伦敦。国际咖啡组织是一个成立于1963年由咖啡生产国和咖啡进口国组成的政府间组织，现有60多个会员国，设理事会、执行委员会等常设机构，总部设在伦敦。伦敦城市品牌价值高，位列“2020 全球城市 500 强”（由全球城市实验室发布）榜单第 3 名（仅次于纽约和东京）。伦敦在“2023 年全球百强城市榜”（由 Brand Finance 发布）中列第一名。

（八）伦敦都市圈的主要成员城市

伦敦都市圈有牛津、剑桥、米尔顿凯恩斯、雷丁、南安普敦、朴次茅斯、布莱顿、坎特伯雷、多佛、滨海绍德森、伊普斯维奇等众多城市。位于伦敦以东 58 千米处、泰晤士河北岸的滨海绍德森是一座人口只有十多万人的城市，英格兰埃塞克斯郡的第一大城市。位于伦敦东北 103 千米、奥尔韦尔河口的伊普斯维奇也是一座有十多万人口的城市，是英格兰萨福克郡的郡治及该郡最大城市，是英格兰东部的重要港口城市。

第二节　国内都市圈

中国经过四十多年的改革开放发展，各城市是百花齐放百家争鸣，目前已经形成了国家发改委发文建设的五大都市圈，即上海大都市圈、南京都市圈、北京都市圈、重庆都市圈和深圳都市圈。

一、上海大都市圈

（一）上海大都市圈基本情况

2016 年 8 月 22 日，《上海市城市总体规划（2016-2040）（草案）》公示，提出上海与苏州、无锡、南通、宁波、嘉兴、舟山等地区协同发展，形成 90 分钟交通出行圈，凸显同城效应。在交通、产业分工、文化认同等方面与上海关系更加紧密的地区作为上海大都市圈的范围，积极推动上海大都市圈同城化发展。

2017 年，《上海市城市总体规划（2017—2035 年）》明确了上海至 2035 年的规划并远景展望至 2050 年的总体目标、发展模式、空间格局、发展任务和主要举措，为上海未来发展描绘了美好蓝图。

2017 年 12 月 15 日，国务院对《上海市城市总体规划（2017—2035

年）》作出批复，同意实施，意味着上海大都市圈正式获得国家认可。

根据《上海市城市总体规划（2017—2035 年）》，上海大都市圈包括上海、苏州、无锡、常州、南通、嘉兴、宁波、舟山、湖州，即“1+8”的大都市圈构造规划。

（二）上海大都市圈的国际化定位

从全国看，上海大都市圈是继南京、重庆之后，第三个国务院批复的跨省域的都市圈，上海大都市圈规划跨了三个省级行政区。

长三角作为中国面积最大、包含城市数量最多的城市群，其一体化过程注定是漫长的，不可能一蹴而就、一步到位，必须借助都市圈，逐步实现次级区域的先行整合。

目前，长三角共有六大都市圈，其中杭州都市圈、宁波都市圈、苏南城市群已经被清华大学中国新型城镇化研究所组编的《中国都市圈发展报告2021》归入成熟型都市圈。这样的都市圈全国总共才六个，处于全国都市圈的顶端，而长三角就占了一半。

此次规划的上海大都市圈，包含了杭州、宁波两大成熟都市圈，加之苏锡常都市圈全域也被囊括在内，堪称“三圈合一”，命名为“国际大都市圈”乃实至名归。

《上海市城市总体规划（2017—2035）》提出“上海大都市圈”的概念时，最初是以 120 千米为半径范围，目前实际已经达到 200 千米的半径范围，苏州、无锡、常州、湖州等全部是都市圈的外围卫星城市。

上海大都市圈规划陆域总面积达到 5.6 万平方千米，与整个粤港澳大湾区面积相当，比纽约大都市圈、东京都市圈面积要多出 2 万平方千米。

截至 2023 年底，上海大都市圈总人口已经达到了 8 500 万人左右。上海大都市圈以长三角六分之一的陆域面积，承载了本区域三分之一的人口，同时，还创造了二分之一的经济产值。

2023 年，上海大都市圈 9 市 GDP 合计近 15 万亿元，接近东北三省与西北六省的总和，远超另两个跨省都市圈——南京都市圈的 6 万亿元，和重庆都市圈的 3 万亿元，已经超过了俄罗斯、韩国等国家的经济体量。

目前，上海是中国国际化程度最高的城市，上海大都市圈也代表着中国国际化最高的城市水准和视野。

（三）上海大都市圈的交通运输

上海大都市圈的资源禀赋超强。圈内坐拥全球货物吞吐量第一和集装箱吞吐量第一的世界级港口。在最新全球航运中心城市排名中，上海和宁波-舟山分别排名第三和第八，上海同时位居全球海洋中心城市第五名。

不仅航运业发达，上海大都市圈的航空业同样傲视全国。圈内目前共有上海浦东、上海虹桥、宁波栎社、无锡硕放、常州奔牛、南通兴东、舟山普陀山等七座民用机场，2021 年旅客吞吐量达到 8 893. 6 万人次，超过珠三角的 8 724. 1 万人次（不含港澳）。未来，还将新建南通新机场和嘉兴机场。根据规划，到 2035 年上海大都市圈航空旅客吞吐量将达到每年 3 亿人次。

过去十年，上海大都市圈无论是人口增量还是人才（在校大学生）增量，都不到粤港澳大湾区的一半，老龄化率却是后者的两倍多，且比例呈现一升一降的逆向趋势——上海大都市圈的老龄化率从 2015 年的 12. 6%，升至 2020 年的 15. 4%，而粤港澳大湾区却从 7. 5%降至 6. 5%。

在轨道连通方面，目前上海大都市圈内服务跨区城际出行的轨道线网总里程为 2 070 千米，与东京都市圈差距较大，都市圈区县和乡镇的轨道覆盖率偏低。

在轨道连通方面，目前上海大都市圈内服务跨区城际出行的轨道线网总里程为 2070 千米，与东京首都圈差距较大，都市圈区县和乡镇的轨道覆盖率偏低。为弥补该缺陷，2022 年 9 月 28 日，长三角首条跨省（市）快速市域铁路——沪平盐城际铁路浙江段开工，预计在 2025 年全线贯通。此前，连通江浙沪三地的沪苏嘉城际铁路上海段、江苏段、浙江段，已于 2022 年 7 月 13 日同步开工。而与上海地铁 11 号线相连的苏州 S1 号线，也于 2023 年开通运行。

根据规划，到 2035 年，从上海出发至环沪城市，将实现 1 小时可达，九大都市圈城市之间 90 分钟可达；而到 2050 年，中心城市间的通达时间将进一步缩短至 1 小时，所有县级单元至上海市区的时间也将被缩短至 90 分钟以内。

空间距离的拉近只是大都市圈内部整合的一个缩影。随着下一步《上海

大都市圈空间协同规划》被纳入新一轮长三角地区一体化发展三年行动计划和各地“十四五”规划、国土空间规划，以及“上海大都市圈规划研究中心及联盟”的成立，上海大都市圈将进一步融合为一个整体，并以统一的形象参与全国乃至全球的城市竞争，成为与纽约都市圈、东京都市圈等并驾齐驱的世界级城市群。

二、北京都市圈

北京都市圈又叫首都都市圈。北京都市圈是京津冀城市群中的两大都市圈之一。北京都市圈属于成熟阶段的国家级都市圈。

北京都市圈以超大城市北京为核心，包括周边紧密相连的区域廊坊、保定（包括河北雄安新区）、张家口以及承德等城市。

北京都市圈的市辖区包括北京市管辖的东城区、西城区、朝阳区、丰台区、石景山区、海淀区、顺义区、通州区、大兴区、房山区、门头沟区、昌平区、平谷区、密云区、怀柔区和延庆区 16 个市辖区。

泽平宏观经济研究院对外发布过一个《中国最具潜力都市圈：2023》的研究报告。报告中对中国最具发展潜力的都市圈进行了排名，上海、北京、深圳、广州、苏锡常、杭州、南京等都市圈排名靠前。北京都市圈位列第二名（见图 2-1）。

为了疏解北京非首都功能，北京都市圈从摊大饼式单中心辐射向紧密集约型多组团格局转变。以 1 小时通勤圈为标准，北京都市圈包含北京市大部分区域以及北京以东、以南方向的廊坊北三县、固安、廊坊市区、涿州、武清等地。

三、重庆都市圈

重庆都市圈是《成渝城市群发展规划》下的《关于引发重庆都市圈发展规划的通知（渝府发 2022 第 37 号）》成渝城市群中的一个都市圈。

重庆都市圈由重庆主城都市区中心城区（以下简称中心城区）和紧密联系的周边城市共同组成，具体来说包括重庆市渝中区、大渡口区、江北区、沙坪坝区、九龙坡区、南岸区、北碚区、渝北区、巴南区、涪陵区、长

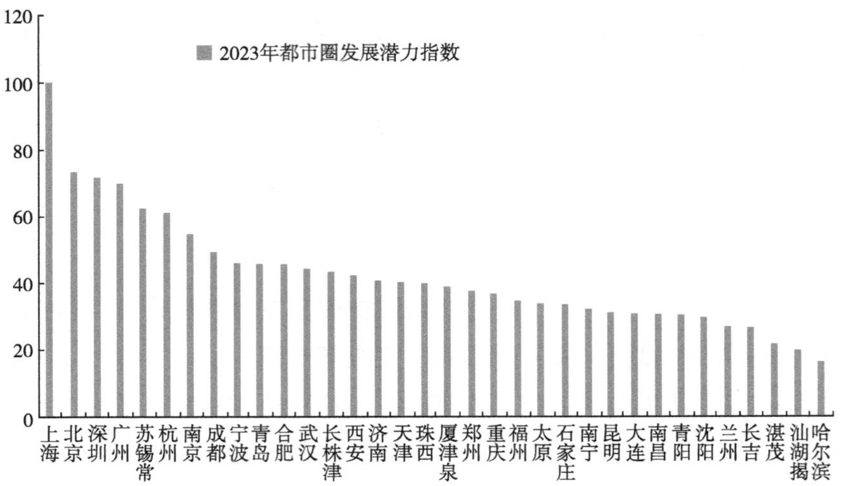

图 2–1　中国最具发展潜力的十大都市圈排名

寿区、江津区、合川区、永川区、南川区、綦江区–万盛经开区、大足区、璧山区、铜梁区、潼南区、荣昌区 21 个区和四川省广安市。2022 年，重庆都市圈常住人口约为 2445 万人，总面积 3.5 万平方千米，其中平地面积约 0.31 万平方千米、丘陵地面积约 2.14 万平方千米、山地面积约 1.05 万平方千米，城区内部以丘陵和山地为主。

重庆都市圈围绕成为国家中心城市，强化重庆大都市区西部开发的战略支撑和长江经济带西部中心枢纽载体功能，充分发挥长江上游地区经济中心、金融中心、商贸物流中心、科技创新中心、航运中心的作用，加快两江新区建设，全面增强集聚力、辐射力和竞争力。加强城市规划建设管理，强化城市规划的作用，根据丘陵山地特色合理控制建筑物高度，提升现代化国际大都市形象。重庆都市圈要以重庆主城区为核心，以新区为腹地、联动沿江城市带和四川毗邻城市发展，构建具有国际影响力的现代化大都市区。

四、深圳都市圈

深圳都市圈位于粤港澳大湾区东部。目前国家发改委批复的《深圳都市圈发展规划》由深圳、东莞、惠州全域和深汕特别合作区组成，规划面积约

16 273 平方千米。现实中，深圳都市圈还包括香港、澳门、中山等城市在内，即未来粤港澳一体化下的大湾区城市群。

深圳都市圈主要在构建“一主两副一极”功能区，重点发展“四轴”区域空间。深圳都市圈聚焦重点领域共同发展，建设都市圈内统一开放的市场。

第三节　国外产业创新走廊现状

全球典型的创新走廊有美国硅谷产业创新走廊、日本东京-横滨-筑波创新带、英国 M4 创新走廊等。通过对比分析国外知名科技创新走廊的发展成就和经验，我们可以发现它们在推进创新能力提升、建设创新创业服务体系、构建企业创新网络、完善创新服务配套体系等方面采取了诸多特色鲜明的做法。要借鉴其经验，建议提升创新能力、构建融通型产业集群落、营造创新创业生态、建立政府服务配套体系，推动中国科创走廊的创新发展。

案例 1：

美国硅谷产业创新走廊①

硅谷产业创新走廊，距旧金山市区 80 千米，位于其南端的狭长地带，核心地带南北长 48 千米，东南宽 16 千米，面积达 800 平方千米。硅谷的创立并非始于强大的政府号召，也没有“硅谷管委会”之类的官方管理机构，主要是由大学推动、以市场（包括社会组织）为基础，并由社会组织来协调其经济、社会、文化、环境等健康发展，已成为举世瞩目的世界信息技术和高新技术产业的中心，是美国经济增长最快、最富裕的地区。

硅谷最早形成于 20 世纪 50 年代，源于斯坦福工业园区的创建，初期主要研究和生产硅基半导体芯片。在经历了半导体—微型处理器—软件开发—信息技术—互联网等信息产业演化过程后，在第三次技术革命中抢抓机遇，

① 硅谷公司_百度百科　https：//baike. baidu. com/item/%E7%A1%85%E8%B0%B7%E5%85%AC%E5%8F%B8/3646197？fr=aladdin.

硅谷快速成为全球信息产业人才的集中地以及高新技术创新的发源地，至今仍引领着全球信息技术创新发展潮流。

以斯坦福大学、加州大学伯克利分校和加州理工大学等世界知名高校为依托，大量风险投资公司及基金作支撑，硅谷汇聚了200多万高科技人员，集聚了超1万家科技创新企业，是谷歌、脸书、惠普、英特尔、苹果、思科、特斯拉、甲骨文等科技巨头企业全球总部所在地，成为世界各地科技精英聚集地。目前，硅谷拥有电子工业公司达1万家以上，是美国微电子业的摇篮和创新基地，所产半导体集成电路和电子计算机约占全美的1/3和1/6。

在政府推动方面，美国1941年成立“科研发展办公室”，通过技术军转民工作对硅谷进行首轮技术播种，并由政府和民间共同开发、使用和经营。在市场的孕育方面，硅谷科技企业比较崇尚自由，都尽量避免与政府直接打交道，可以说硅谷是市场无形之手孕育的产物。在重点大学衍生方面，依托斯坦福大学和加州大学伯克利分校，把大学与产业结合，形成理想的科学园区模式，推动硅谷本地科研院校的技术成果进行转化，孵化了大批巨人级公司。在风险资本孵化方面，硅谷发展的早期依靠的是军事研究经费和国防采购经费，但后期硅谷实质的发展，风险资本发挥了关键性作用。风险投资家通过和高技术企业家联手，推动了硅谷经济的腾飞。

案例2：

英国M4创新走廊①

英国的M4创新走廊，是指从伦敦一路向西直到海滨城市布里斯特的M4高速公路沿线一带的高科技城市群。走廊位于英国南部，沿途有雷丁、斯温顿、巴斯、布里斯托尔、加的夫等十几个城市，全长308.8千米。M4创新走廊以IT、生物制药以及软件设计等优势产业为主，英特尔、思科、微软、谷歌等各大科技企业纷纷将欧洲总部落户于此。其中，被称为英国“硅

① 科技城｜中国科创走廊建设的国际经验及启示_创新 https：//www.sohu.com/a/478913165_260616.

环岛”的伦敦科技城已发展为仅次于美国旧金山和纽约的世界第三大科技中心。目前，“硅环岛”创新活动日益活跃，聚集了网络科技、营销广告、时尚娱乐、数字内容、电信等超过 4 000 家科技创业公司，已催生出 Transferwise、Shazam、Wonga 等市值过百万美元的科技独角兽企业，已经成为全欧洲增长速度最快的创新区域之一。

案例 3：

日本东京-横滨-筑波创新带①

日本东京-横滨-筑波创新带全长约 110 千米，以东京为核心，带动横滨和筑波协同发展。东京-筑波区段长约 70 千米，以常磐自动车道和筑波快线为发展主轴，具有集聚顶级科研创新资源的功能。创新带内钢铁、石油化工、现代物流、装备制造、游戏动漫、高新技术等产业十分发达，三菱、丰田、索尼等一大批世界五百强企业总部都位于此地。

在规划用地类型上，科学城超过一半的用地作为科研、文教机构专属用，国家鼓励各类国家级科研院所进行有效集聚，为政府及企业创新提供科研支撑服务，扮演技术知识的“生产者”角色。在优惠政策方面，通过立法手段，对房地产租赁、设备折旧、税收、信贷、外资引进等给予多种优惠政策措施，有力地保障和促进了科学城的发展。在完善城市功能上，注重产城融合发展，建成了商业街、百货大楼、食品街、信息中心、宾馆等设施，提升了城市的居住品质，促使筑波科学城功能结构趋向合理化。

目前已集聚了 150 多所高等院校、约 8 000 家科技创新企业、800 多家研究机构，其中包括全球超级科学城——筑波科学城。筑波科学城以政府为主导，集聚了筑波大学和数十家高级研究机构，已经形成了功能复合的科技新城和产业新城。

① 科技城 | 中国科创走廊建设的国际经验及启示_创新 https：//www.sohu.com/a/478913165_260616.

第四节　国内产业创新走廊现状

宏观上，我国整体产业创新走廊大动脉格局已逐步显现，以长三角 G60 科创走廊和珠三角广深港澳科创走廊为依托构建了东部、南部两大科技创新城市群，以北京为策源地，依托京津冀地区，连通雄安新区形成科技创新廊带①。三个超大规模的科创中心利用巨大空间载体和三链分工协作，引领带动国内科技创新发展。借助地理优势，三个超大规模的科创中心亦通过对接国际科创体系，承担起配置海内外优质科创资源的功能，实现科创循环并轨闭环。我国科创一体化发展需要联动众多基础扎实、前景好的区域型科技创新走廊，例如郑开科创走廊、光谷科技创新大走廊等正在逐步构成我国科技创新走廊大动脉之间的衔接节点；诸如湘江西岸科创走廊、甬江科创大走廊等小型科技创新走廊旨在填补薄弱环节，助力我国科技创新发展的内部微循环，共同构成国内科创走廊动脉的重要部分。从区域来看，长三角 G60 科技创新走廊依托长三角城市群，借助江苏自贸区各片区、浙江自贸区的商业体系优势，以上海为中心向我国西北和西南深入，延展为上海—合肥科创廊线和上海—金华科创廊线以形成差序产业格局，重点依托 G60 九城形成长三角创新生态系统。广深港澳以广州、深圳为创新策源地，利用中新广州知识城和南沙科学城的科创轴线，以珠三角为战略平台，从东西岸分别构建两道廊线，形成广深港和广珠澳科创走廊，依托南沙科学城作为科学中心主要承载区，以广州的人工智能与数字经济试验区构成三片区互动基地，共同推动粤港澳大湾区的科技创新发展。

案例 1：

G60 科技创新走廊

G60 科技创新走廊作为我国第一个科创走廊，通过一系列发展举措，逐

① 王济武：以科创走廊助力我国建设世界领先创新高地的若干思考，《国家创新发展战略》（季刊）2024. 01.

步实现了从1.0版本到2.0版本再到3.0版本的扩容升级①，从“聚焦松江产业创新”迈向“一廊一核九城”，由此驱动长三角的高质量一体化发展，具体举措包括：一是着眼于“三去一降一补”，优化产业结构。松江提出打造以先进制造业为核心的科创走廊，科创驱动“松江制造”迈向“松江创造”，利用自身资源区位优势，推进供给侧结构性改革，去除过剩产能、落后产能，科学规划沿线布局发展空间。二是打破地缘限制，实现区域联动，实施供给侧全要素的科学配置和构建自由流动的科创走廊。松江通过G60科创走廊将地域联动起来，深化“零距离”综合审批制度改革，把握“简政放权+互联网+店小二”要义，推进“一网通办”，实现异地投资企业营业执照和生产许可证一体化办理，打造长三角G60科创走廊国际一流营商环境。三是以科创为核心，推动产学研一体化协同创新。G60科创走廊推进科研院所、企业和专业化科创平台形成科技创新合力，聚焦“6+X”战略性新兴产业。产学研协同创新体系通过高校发挥创新基础研究引领优势；研究机构及专业化科创平台聚焦关键核心技术和“卡脖子”工程，共同施展科研能力；企业负责应用研究和技术开发，加强与科研院所合作，将基础创新转化为实用技术注入生产实践当中，推动科技成果产业化。四是加大多层次资本市场金融支持力度。G60科创走廊依靠金融支持，实体经济与资本市场深度融合，以资本服务实体经济发展，提升了科技创新和产业发展的活力，缓解了中小企业融资难、融资贵、提升融资适配性和解决信息不对称问题，降低企业的融资成本。金融创新产品陆续推出，不断有优质上市企业精准对接科创板。五是创新发展与城市人文、生态相结合。坚持生态文明建设，结合自身的人文环境和自然生态，引导科创企业承接自身优势产业，优化自身内部发展结构、延伸产业链条，形成诸如九科绿洲和上海科技影都等一批充满特色文化和绿色生态的产业集群，实现城市科创、人文、生态的同步推进。

G60沪昆高速穿过上海市松江区全境，绝大多数企业都分布于高速公路两侧。2016年，上海松江区提出，沿G60高速公路构建产城融合的产业创

① G60科创走廊：区域协同创新“开路先锋”中国经济时报 2021.04.08 https://www.163.com/dy/article/G71UHQ040512D71I.html.

新走廊，是为G60科创走廊的1.0版本。2017年，上海松江区与浙江杭州市、嘉兴市合作建设沪嘉杭G60科创走廊，签订《沪嘉杭G60科创走廊建设战略合作协议》，迈入G60科创走廊的2.0时代。2018年，G60科创走廊第一次联席会议召开，金华等其他6座城市同时加入，迈向3.0版本，G60科创走廊也从城市战略上升到长三角区域战略。长三角地区主要领导座谈会召开期间，共同发布了《G60产业创新走廊松江宣言》。G60科创走廊最终形成“一廊一核多城”的空间布局规划，辐射范围扩大至金华、苏州、湖州、宣城、芜湖、合肥，覆盖面积约7.62万平方千米。

案例2：

G312-紫东科创大走廊

G312国道是南京至镇江的一条重要通道，G312走廊是一条两地跨市合作的高新产业链，而且G312走廊与紫东科创大走廊高度吻合，是紫东科创大走廊的升级版。

G312产业创新走廊于2019年提出，2020年底，紫东科创大走廊已经走上了推进南京大发展的舞台中央。2021年以来，不管是省市两级的“十四五”规划，还是各区、街道（如江宁区、麒麟街道等），都在工作计划中提到了对紫东地区或者紫东科创大走廊的重视。紫东科创大走廊承担了为南京创建综合性国家科学中心城市、实现南京创新名城发展目标和推动南京都市圈一体化之宁镇（扬）一体化发展等重任。同时，作为南京科创的源动力，紫金山实验室、麒麟科创园、仙林大学城和江宁大学城都在紫东科创大走廊范围内。

紫东科创大走廊的设计除了科教和创新资源以外，也考虑到了未来与镇江和扬州互动。

除此以外，南京的东西向很窄，通过10号线和4号线，可以形成串起江北新区、河西和紫东科创大走廊的南京科创大环线。

不管是大走廊还是大环线，整个地区都不是区域简单的相加，而是复杂的相连。精心设计的创新联动和产业布局，有助于实现矩阵效应。

案例3：

太湖湾G328产业创新走廊①

2020年，太湖湾科创带发展规划正式发布，明确在长约108千米、面积500平方千米的湖湾区域打造一条科技创新走廊：太湖湾G328产业创新走廊。

按照“三年起步、五年成形、十年见效”的阶段性要求，到2025年达到“开放创新生态中枢位势显现、科技创业创新生态不断优化、新兴产业培育发展取得突破、全球科教智力资源加速汇聚、区域协同创新带动作用彰显”的发展态势。

到2030年，将太湖湾产业创新走廊建设成为具有国际竞争力的科技创新中心，力争在集成电路、物联网、人工智能、生物医药、智能装备等领域培育形成世界级产业集群，建成一批世界一流的科研机构，诞生一批原创新兴产业，部分领域的技术创新能力进入全球前列，形成适合先进制造业和现代服务业“领跑”发展需求的创新治理体系和创新创业文化，成为全省发展领先、长三角创新示范、全国有影响力的科技创新高地。

加快构建无锡太湖湾产业创新走廊“一核十园多点”拥湖发展的空间格局。

“一核”即太湖新城，以无锡经济开发区、无锡山水城科教产业园和无锡太湖国际科技园为核心，突出新城首位度、体现高端创新资源要素集聚，打造无锡产业技术创新的“中枢”和“内核”。

“十园”即目前太湖湾产业创新走廊规划的10个园区。其中，无锡滨湖境内集中了集成电路、两机、生命科学、总部经济、数字电影、知识产权等6个园区，太湖湾科创带沿线各市（县）区发展潜力较强的园区平台，突出产业承载主导功能，以特色化、集约化为发展导向，重点推动未来产业园、特色产业园和现代服务业产业园这三类园区建设，推动重点园区围

① 无锡太湖湾产业创新走廊 https：//baijiahao. baidu. com/s？ id = 1741490252333696767&wfr = spider&for = pc.

绕主导产业，以造链、强链、补链、延链为核心，率先打造标志性现代化产业链。

“多点”即太湖湾产业创新走廊沿线的高校、科研院所、重点实验室、工程技术研究中心、企业技术中心、创新中心、新型研发机构等创新资源，突出科技研发、创新孵化、文化教育等功能，强化高层次人才汇集、高水平高校院所集聚、高品质服务供给，推动形成载体平台互联互动、功能定位合理清晰、组织建设高效持续的发展格局。

发挥太湖湾产业创新走廊的示范引领和辐射作用。在区域协调发展层面，结合正在编制的无锡市国土空间总体规划2035和环太湖区域生态保护与绿色发展行动规划，充分发挥太湖湾科创带在长三角、苏锡常都市圈以及环太湖区域的引领作用，推动构建创新经济生态圈。在市域一体化层面，通过环太湖科创带联动协同全市各板块，将先进制造业布局和科创带充分结合，带动范围内现有产业园区转型和升级，加快各类产业园区整合提升，促进产业集聚，发挥产业效能，凸显无锡高端制造、智能制造的优势。

优化太湖湾产业创新走廊的空间布局和功能结构。结合沿湖生态魅力环，围绕“一核十园多点”拥湖发展的空间格局，进一步细化“核”“园”“点”的空间范围和主体功能，明确各功能区相互之间的作用、配置及协同关系，充分发挥点、线、面不同层面作用，进一步匹配“核”“园”“点”之间的纽带联系，优化总体空间布局，完善产业功能，充分发挥科创带的引领作用。

凸显太湖湾产业创新走廊的生态价值和文化底蕴。突出太湖“世界级魅力湖区、生态湖区”的总目标，以太湖沿岸山水自然景观为生态基底，落实生态保护红线要求，与环太湖自然保护地、太湖国家风景名胜区统筹衔接，科学合理利用山水资源，吸引高层次创新创业人才在此集聚，建设创新创业人才首选地。以吴地人文资源为特色，深挖“吴文化”“江南文化”等价值内涵，彰显运河文化底蕴和江南水乡特色，营造具有国际品质、江南韵味的人居典范，提升科创带的整体魅力。

打造太湖湾产业创新走廊的特色和亮点。依托规划的市域轨道S2线和地铁4号线，形成与交通支撑的科技创新走廊，推进鸿山物联网小镇、慧海

湾小镇、雪浪小镇、太湖影视小镇等特色科创小镇建设，提升科技创新策源功能。依托既有的产业优势，强化物联网、集成电路、软件和信息服务、云计算和大数据管理等关键核心技术突破，超前部署5G技术、人工智能技术、区块链技术等未来前沿技术，建设重大科技创新平台，提升创业育孵发展能力，打造总部经济、数字经济、枢经济的主阵地。

探索太湖湾产业创新走廊的融合发展与创新示范路径。借鉴雄安新区、长三角生态绿色一体化发展示范区先进理念，全面融入和服务国家创新驱动战略，通过“结合”与“融合”，推进科创带实现高质量发展。第一个关键词是结合：做到实体与虚拟结合，太湖湾产业创新走廊既是一条实体发展带，也是一条虚拟发展轴，在空间上既有所区分又有所结合；做到互联与互通结合，通过信息互联和交通互通相结合，强化枢纽经济的作用；做到传统与现代结合，太湖湾产业创新走廊城市风貌既要有传统江南水乡特色，又要有现代都市风貌特征。第二个关键词是融合：做到产业与科研融合，充分发挥科研院所、大专院校在政策咨询、平台打造、人才培养等方面的优势，瞄准“产、学、研”深度对接，实现“你中有我，我中有你”；做到城市和生态融合，凸显无锡山水城市特色，构建“山在城中，城在湖边”的整体格局，打造兼具“城市繁华和生态宁静”的近郊空间；做到宜居与宜业融合，通过优化空间布局、完善公共设施配套、改善交通环境、增加公园绿地等方式，满足科创人才对生活环境高品质、多元化的需求，营造宜居宜业的人居环境。

案例4：

广深港澳科技创新走廊[①]

广深港澳科技创新走廊的产业集聚溢出效应影响了整个珠江三角洲城市群，带动了佛山、珠海等城市积极融入其科技创新走廊，取得协同发展的良好效益。从科教潜力看，广深港澳科创走廊汇聚香港大学、香港中文大学、

① 广深科技创新走廊_百度百科 https：//baike. baidu. com/item/%E5%B9%BF%E6%B7%B1%E7%A7%91%E6%8A%80%E5%88%9B%E6%96%B0%E8%B5%B0%E5%BB%8A/22377679？fr=ge_ala.

香港理工大学等高等院校，拥有粤港澳大湾区 mRNA 基因治疗药物研发与评价一站式技术服务平台、深圳清华大学研究院、华大基因研究院等多家新型研发机构，鹏城实验室、深圳湾实验室等 49 家国家级重点实验室和 9 家省级实验室，集聚了广州科学城、深圳高新区等重要园区。

此外，该区域拥有华为、腾讯、中兴、万科、华讯方舟等具有国际竞争力的科技龙头企业。从经济实力看，香港是世界第三大金融中心，聚集众多的风投基金及金融企业，深圳、广州拥有较为发达的风险投资市场。从地理区位优势看，地处沿海开放前沿，交通条件便利，以泛珠三角区域为发展腹地，拥有香港、广州、深圳等重要港口和航空枢纽。综上所述，广深港澳科技创新走廊在科教潜力、金融发展和地理区位等方面有相对优势，但高精尖创新资源不足，高水平科技企业、人才及国际一流的科研机构和高水平研究型大学数量较少，基础研究投入不足，产学研协同失衡，与其他科技创新走廊相比存在一定的差距。

案例 5：

杭州城西科创大走廊①

杭州城西科创大走廊是杭州创新资源高度集聚的策源地，依托杭州城西科创产业集聚区的快速发展，逐渐显现出产城融合发展、创新创业活跃的发展雏形。

一是科研实力雄厚。杭州城西科创大走廊以新一代信息技术为引领，区域科研机构和人才集聚，拥有浙江大学、西湖大学、之江实验室、阿里达摩院、香港大学浙江科技研究院、中科院长春应用化学研究所杭州分所等六十余家顶尖高校和科研机构；获批建设超重力离心模拟与实验装置国家级重大科技基础设施，集聚国家重点实验室 12 家、科研院所 61 家、诺奖和院士工作站 19 家、博士后工作站 22 家，未来科技城、浙江大学、阿里巴巴入选首

① 杭州城西科创大走廊_百度百科 https：//baike. baidu. com/item/% E6% 9D% AD% E5% B7% 9E% E5%9F% 8E% E8% A5% BF% E7% A7% 91% E5% 88% 9B% E5% A4% A7% E8% B5% B0% E5% BB% 8A/62137720? fr=ge_ala.

批国家级“双创”示范基地；培育和引进“国千”专家、“省千”专家六百余名。

二是产业技术优势。杭州城西科创大走廊各大高校在碳汇、智能制造、信息、生物等专业领域具有显著的人才科研优势；产业生态各具特色，未来科技城聚焦人工智能+生命科学产业，青山湖科技城聚焦集成电路+高端装备制造产业，紫金港科技城聚焦大数据云计算+科技金融产业。大走廊依托阿里巴巴、蚂蚁金服、中电海康、浙大网新等一批数字经济领军企业，聚焦数字经济，重点发力 5G、生命科学、集成电路等产业，高端科技跑出“加速度”，区域经济持续保持高质量高速度发展态势。

三是政府服务完善。政府对企业秉持“店小二”式的服务理念，对落户到科创大走廊的企业，明确专人或专班紧盯重点产业、紧跟重点项目。未来科技城针对入选“鲲鹏计划”的成长型科技企业，提供领导一对一联系、有问题限时解决、优先推荐项目申报、参与制定产业政策等各种服务。区域内还建有“一站式”审批服务中心、高层次人才“一站式”服务平台，引入了浙江知识产权交易中心等中介服务机构，加快建设公共技术服务平台，致力于将大走廊打造成为“大众创业、万众创新”的生态系统。

第五节　国内外都市圈和产业创新走廊的启示

通过分析国外知名科技创新走廊发展路径，我们得到以下启示。

第一，要发挥科研机构创新潜力，提升产业创新走廊整体实力。产业创新走廊着力发挥区域内相对集中的研究型大学和研发机构创新潜力，以人才为纽带，形成了强大的区域创新能力。一方面，研究型大学及科研机构推动形成了强大的原始创新能力。位于日本东京-横滨-筑波创新带的筑波科学城以国有及企业下属科研机构为主体，承担区域科技创新的主体功能。其中，东京大学、早稻田大学等世界级顶尖大学，以及日本国立材料科学研究所、日本国家高能物理研究所等世界顶级研究实验室，均对日本产出原创性研究成果做出了重要贡献。另一方面，高校人才为地区创新创业发展提供巨大支撑。斯坦福大学鼓励教职工为公司提供技术咨询服务或自己创办公司，

不仅鼓励和指导学生创业，还为学生创业发展提供场地，帮助创业者筹集创业资金，这一做法营造了良好的创业氛围，是后来硅谷创业文化形成的基础。如上所述，知名大学和科研机构不仅推动了区域相关技术领域的发展，提升了科技实力，且促进了研究成果向科技成果的转换，形成了强大的创新源泉。

第二，要构建高效的创业服务体系，不断完善创新创业和企业孵育生态。国外典型创新走廊在新一轮科技革命和产业变革中都站在发展前沿，高效的金融体系、活跃的创投资本以及法律、管理咨询等创新创业生态系统是关键原因之一。例如，M4 创新走廊中，伦敦作为全球金融中心之一，其金融体系和风险投资十分活跃。咨询机构 Dealroom. co 的数据显示，2020 年伦敦科技公司筹集资金 105 亿美元，大量创新团队可以通过路演、参与创业大赛等方式获得风险投资，令创新团队的创业成功率大大提高。新科技、新企业层出不穷，巩固了伦敦作为欧洲领先科技中心的地位。与此同时，法律、管理咨询、财务咨询等服务业的快速发展，对创新生态的完善也起到了重要作用。例如，硅谷不仅拥有红杉资本等众多全球知名创投基金，还聚集了 Silicon Patent、Wilson Sonsini Goodrich & Rosati PC 等知识产权律师事务所以及 LECG、Cornerstone Research、PRTM 等管理咨询公司，形成了完善的创新创业生态体系。当前，中国的创业生态环境与美国相比仍然存在一定差距，在推进科技创新走廊的建设中，需要不断探索完善金融投资、知识产权、管理咨询、风险控制等创业生态因素，为创新企业打造良好的支撑环境。

第三，要鼓励创新资源互融互通，形成具有国际竞争力的企业创新网络。国外创新走廊在发展过程中聚集了包括科研院所、风险投资机构、高端人才、技术成果等各类创新资源，并通过营造良好的创业氛围鼓励创新资源相互融通。例如在硅谷，大量的创业资本和先进的技术成果等创新资源相互不断进行选择：不断催生新的企业，大量的创新企业促进了科技成果的商业化。科研成果的高转化率造就了如微软、英特尔、惠普一样优秀的高科技企业。同时，大中小企业间也可顺利实现创新资源流通，“引擎”企业、中小企业和初创企业间通过物质流、信息流、技术流的流动，形成了竞争和合作共存的创新网络。硅谷多数企业规模较小，仅凭自身不可能完全满足生产服

务的要求，而强力的外包支持系统可以及时地将创意和构思变成产品，进行小批量的工业化生产。这些公司相互配合，实现了高效的信息交换，创造了组合与重新组合十分灵活的企业创新网络。

第四，政府要提升基础设施水平，打造完善的创新服务配套环境。国外典型创新走廊的发展离不开政策支持，政府通过出台政策措施、完善基础设施建设、建立产业发展配套设施等方式，为区域创新发展提供完善的配套服务环境。在政策支持方面，筑波科学城是典型的政府开发模式，由日本内阁首相办公室下设的指挥部全权领导，政府给予园区企业房地产租赁、设备折旧、税收等多种优惠政策，有力地保障和促进了筑波科学城的发展。在基础设施建设方面，硅谷具有航空、公路、港口等复合型交通通道，坐拥旧金山国际机场、圣荷西机场、奥克兰机场三大机场枢纽，以及 101 公路、辅助州际高速公路和旧金山港，基础交通设施极为便利。在城市配套方面，筑波科学城注重产城融合，配备商场、百货、餐饮、信息中心、酒店等设施和服务平台，产业发展与城市生活紧密融合。伦敦投入 4 亿英镑发展东伦敦科技城，其中 5 000 万英镑用于建造欧洲最大的民用设施中心，为新兴科技公司提供了礼堂、会议厅、实验室以及工作空间。

因此，我们在建设科创走廊时要注意以下几方面要点：

一是提升科技创新走廊原始创新能力。加快创新走廊核心城市国家科学中心建设，重点发挥重大创新平台作用，打造一流的科技基础设施集群，做好提升原始创新能力支撑。加大对基础研究长期稳定的支持。不仅需要政府的投入，也应通过税收减免等政策和措施鼓励企业和社会资本进入基础研究当中，构建多元化投入机制。完善科研绩效评价机制，减少科研人员在项目申请、评审考核、申报评奖等活动中的时间，为科研人员“松绑”“减负”。尊重科学研究规律，建立更加宽容的容错机制，赋予科研人员更大的人财物自主支配权。

二是构建大中小企业融通型产业群落。围绕产业重点和优势领域，通过引进、新建、改造、重组、整合等方式，巩固壮大一批具有强竞争力的世界级企业，培育一批在行业细分领域有国际影响力的单项冠军和“瞪羚”、“独角兽”企业，促进产业链上下游协同、协作、协调发展。支持“引擎”

企业搭建资源共享平台、工业互联网平台等，鼓励大中小企业创新组织模式，重构管理模式，变革生产模式，优化商业模式，形成灵活的立体式、无边界协作的新型产业生态圈。要选取电子信息、生物医药等细分优势领域建设具有全球竞争力的创新型产业集群。

三是营造国际一流创新创业生态。大力发展创业投资、风险投资市场，为创业企业的加速发展提供良好的金融服务。加快推动孵化载体提质增效，着力提高创业能级，完善“双创”生命周期服务，推动创业孵化载体向专业化、生态化、国际化方向发展。要重点支持领军科技人才创业、产业组织者创业、极客式创业等高端创业，构建高成长性科技企业“蓄水池”。坚持以市场化为导向，大力培育引进国际一流创新专业组织，高水平建设公共服务平台，形成结构合理和功能完善的科技服务体系，打通知识创新链和产业链有机融合的“任督二脉”。

四是建立更加完善的政府服务配套体系。做好科技创新走廊规划和布局，统筹协调重大产业政策、科技政策、人才政策、招商政策等，探索区域间产业共建、科技资源开放共享、创新人才流动等的有效举措。推动国际科技创新人员往来畅通、科研资金跨境使用、科研仪器设备通关便利、科技资源共建共享等方面取得更大突破。提升政府服务科技产业创新的能力，尊重市场规律和创新规律，加快政府的职能转变，构建政府、市场、社会等主体各司其职、多元共治的治理模式。加快营造市场化、法治化、国际化一流营商环境。

都市圈与产业创新走廊的建设原则

对于都市圈中的卫星城市，务必要打造出切合实践的产业创新走廊，而打造产业创新走廊必须遵循以下原则。

第一节　开放性原则

开放性原则是现代哲学和人类学的基本思想原则和主要观点。现代哲学和人类学反对把认知对象定义为生物的、理性的、意志的、劳动的、欲望的，既不同意传统上认为的认知对象有某种僵死的规定性的本质，也反对把认知对象理解为实现某种目的（如实现“绝对精神”的运动），或最终理解“存在”的手段。在开放性原则下，现代哲学和人类学认为，认知对象作为一个自我创造和不断形成的东西，不具备任何特定的与稳固的先在本质，他们会通过不断的活动来塑造自身。

内在的开放性决定认知对象与一切外在事物关系的特征是认知对象向外部的开放性。这种认知对象向外部的开放表明认知对象按照本性来说，能够无限地扩张到其他对象的作用范围。

因此，链接都市圈的产业创新走廊必须具有开放性质的措施。相对于封闭性来说，我们称产业创新走廊具有开放性，意思是说，产业创新走廊在面对众多的投资者、消费者时，是允许大家介入的，留给外部人员广阔的行为空间，并且在给定的条件下成为一种信息源，通过外部人财物等资源不断地介入，带来大量源源不断的外部信息。

扬州打造具有高度外部性的 G328 新经济生态圈，可以积极融入南京都市圈、长三角区域一体化、宁镇扬一体化、江苏省 1+N 的规划和政策体系，协同联动长江城市群，以 G328 产业创新走廊建设示范引领市域一体化、全面服务省域一体化、积极对接宁镇扬区域一体化、加快融入南京创新网络，以四大圈层联动，推动构建由内到外、从弱联系到强链接的创新经济生态圈，助力构建具有全国影响力的宁镇扬科技创新共同体。

第二节　未来产业主导原则

链接都市圈的产业创新走廊一定是卫星城市的产业发展的终点和希望所在。从发达国家的实践来看，产业创新走廊既是税收的策源地，也是未来产业的发源地，是城市经济的发动机。

在产业创新走廊打造未来产业，必须遵循主导性原则。

一、竞争优势明显

相对于其他地方的非主导产业而言，由产业创新走廊的主导产业不仅应该具有更强的资源获取能力，从而在资源配置中具有明显的优势，而且应该具有更强的价值创造能力，从而持续将资源转化为都市圈的产业竞争力，将潜在的优势转化为竞争优势。只有这样，才能在激烈的都市圈产业竞争中得以发展、壮大。从产业创新走廊主导产业发展的过程来看，其壮大是现有产业优势得以利用并不断改进、提升并转变为竞争优势的过程。产业创新走廊主导的产业必须是未来的支柱产业，应该具有预期的产业优势，产业创新走廊主导的产业壮大实质上是都市圈外围卫星城市支柱产业和产业优势的动态发展过程：现实的都市圈外围卫星城市支柱产业是产业创新走廊的主导产业（即产业创新走廊未来的支柱产业）发展的基础，现实的都市圈外围卫星城市产业优势是产业创新走廊主导产业的优势（预期的产业优势）得以创建、积累的条件。因此，产业创新走廊主导产业的选择必须充分考察选择卫星城市存量产业现有的产业优势及其发展趋势，并进一步判断其是否具有都市圈内的竞争优势。

二、内生增长能力强

产业创新走廊主导的产业所具有的竞争优势只是其外在表现，而产业的内生增长能力才是获得竞争优势的关键，所以必须选择内生能力强的产业作为产业创新走廊的主导产业。迈克尔·波特（2003）从生产要素的角度阐述了内生能力对产业竞争优势重要性的机理。波特把生产要素分为基本生产

要素和高级生产要素两类。其中，基本生产要素大都是天然禀赋，是既定的条件，高级生产要素是产业发展的不确定因素，来自后天创造。当产业发展面临选择性的劣势时（如土地昂贵、天然资源缺乏等），要想在市场竞争中生存，就必须通过高级生产要素的作用将基本生产要素的劣势消化，并创造出产业的竞争优势。这种创造力主要依靠的是以创新力为主体的产业内生能力。

早在20世纪70年代，罗斯托就提出了主导产业理论，他认为，创新是产业发展的主要动力，是产业内生能力的集中体现，是主导产业形成与发展的必要条件之一。因为有了创新，主导产业的增长率就会大大超过国民经济总增长率。罗斯托认为，创建产业创新走廊，大力鼓励创新，可通过多方面的作用来影响产业创新走廊主导产业的发展方向。首先，创新氛围的形成可以培养劳动者对产业发展相关知识的敏感性，尤其是对创造性要求高的产业。其次，不断输入的创新可以通过完善现有生产要素供给状态、创造或调节现有生产要素供给等方法来改善生产要素供给结构，合理配置资源。再次，持续地创新可以不断带来新的投资领域、提升人们的消费水平，进而影响需求结构。最后，对于产出需求弹性较大的产业，创新可以通过创造新的市场需求而吸引生产要素的流入，从而提高产出的数量并有可能获取较高的收益；而对于产出需求弹性较小的产业，创新通过需求的相对缩小而引起生产要素的流出。

三、主导产品的需求弹性大

在市场经济条件下，国民收入经过了初次分配和再分配，最终形成对各种产品的有支付能力的需求。市场需求是主导产业生存、发展和壮大的必要条件之一。卫星城市通过产业创新走廊发展区域主导产业，必须拥有长期而广阔的国内外市场容量。产业创新走廊的主导产业的产品应在国内甚至国际市场上具有较大的、长期的需求。如果没有足够的市场需求拉动，产业创新走廊里的主导产业很快就会衰落。所以，产业创新走廊主导产业选择必须把“需求的收入弹性最大化”作为一个基本原则，也就是说，产业创新走廊主导的产业产品的需求收入弹性系数至少要大于1。

产业是一个诸要素相互关联的系统，产业需求结构的任何一点变动都将触发产业系统的方方面面。其中，消费需求结构是需求结构变动的主要方面，它可以通过市场引发投资需求结构以及投资与消费比例的变动。只有把产品需求的收入弹性系数最高或较高的产业作为产业创新走廊主导产业，才能促进城市居民收入水平的提高和消费结构的优化，才能保证卫星城市经济的持续增长。

四、技术先进

产业创新走廊主导的产业与其他产业的一个重要区别，就在于它必须依靠科学技术进步，获得新的生产函数。所以，产业创新走廊主导产业的选择必须特别重视技术进步的作用，所选择的主导产业应当能够集中地体现技术进步的主要方向和发展趋势。作为产业创新走廊优先发展的主导产业，应能够较快地吸纳先进技术，从而提高产业工人的劳动生产率，增加产品的技术附加值，在市场竞争中获得优势。

众所周知，产业创新走廊在产业发展的过程中离不开技术进步，这不仅表现在技术进步能够改变劳动手段、劳动资料和劳动对象等生产要素的质量，从而影响它们之间的数量比例，导致资源的重新配置，而且还表现在技术进步能开创出新产品、新产业、新部门，逐步替代或改造传统产品、传统产业和传统部门，最终提升整个产业创新走廊产业的质量和区域产业结构的水平。

通过对产业革命史的分析，不难得出这样的结论：产业创新走廊主导的产业更替的动力来源于科学技术的发展和运用，每次科学技术的重大发展，都不可避免地导致新技术的产业化，并促使该产业逐渐成为国民经济中的主导产业，代表着国家同时代技术的最高水平。都市圈的层级越高，都市圈外围的产业创新走廊的技术就必须越前沿。因此，在选择产业创新走廊主导产业时，应该自觉地将产业创新走廊主导产业选择与技术进步程度对接起来。作为产业创新走廊主导产业，必须要有扩散效应和示范效应。这样，才可以获得更大的市场拥有量。

五、关联度高

产业创新走廊主导的产业所具有的带动性是其产业发展的一个重要性质，而产业创新走廊主导产业正是通过与相关产业的兴起来带动其发展的。所谓产业的关联，在本质上是社会生产中不同部门之间和不同产业之间的技术结构及产品的需求结构，是社会生产力发展的一种结构状态。而产业的关联度则是产业之间这种技术结构和产品的需求结构的扩散程度及其相互依存、相互推动的强度。

都市圈产业系统是一个相互关联、相互依存的复杂的大系统。不同产业由于产品生产方式和技术复杂程度不同，与其他产业之间的关联程度也就不同，从而对都市圈区域经济的推动力和拉动力有相当大的差别。选择关联度高的产业作为产业创新走廊主导的产业，可以在很大程度上带动或推动都市圈区域内其他产业的发展。

通过在产业创新走廊抢占未来产业发展制高点，聚焦软件信息、大数据、人工智能、生物医药产业和高端智能装备产业发展，突出科技型企业梯队创新主体作用，加快技术创新与产业跨界融合，带动产业创新走廊新旧动能的转换，才能抢占未来产业发展制高点、产业主导权、发展主动权。

第三节　人才引领原则

人才是区域发展的宝贵财富，是经济社会发展的第一资源。人才作为第一资源的地位及作用，决定了产业发展战略中必须把人才队伍建设放在优先位置。

党的二十大报告强调，强化现代化建设人才支撑，并对深入实施新时代人才强国战略作出全面部署。对于南京都市圈下的产业创新走廊建设而言，地方政府作为人才之家，要履行好人才管控培养的职责，坚持人才引领发展战略地位，围绕解决人才发展中的突出问题，着力破解束缚人才发展的思想观念和体制机制障碍，为地方经济社会全面发展提供强有力的人才支撑。

一、构筑产业创新走廊人才的集聚优势

产业创新走廊需要做到人才发展和区域发展相互促进。当前，全国各地创新高地都在抛出优厚条件引进人才。要想构筑人才集聚优势，必须紧密联系地方发展实际，坚持以产聚才、以才促产、产才融合，推动招才引智与产业发展同频共振、有机融合。要搭建产业创新走廊的引才平台，就要坚持“引凤”和“筑巢”相结合，推动与高校、科研院所开展战略合作，持续加强平台政策、技术、服务等资源一体化配置，推动产学研用的深度融合。特别是在新兴产业、重点领域，要积极探索建立产业科技创新联盟，实现“引资与引智”双提升。要拓宽产业创新走廊的引才渠道，一手做好选调、直聘等“规定动作”，一手做好服务“自选动作”。既要注重高层次人才引进工作，又要开展好各类引才活动，发挥校友会、同乡会等纽带作用，推动人才回乡、智力回哺、技术回归。产业创新走廊要灵活引才方式，要统筹刚性引才与柔性引才，探索实施“人才飞地”模式，采取顾问指导、兼职服务、联合攻关、技术合作等方式，柔性引进科技人才和创新团队，并使其在科研立项、科技成果转化、创新创业等方面享受本地人才同等待遇。

二、深化产业创新走廊人才的体制改革

深化产业创新走廊人才发展体制机制改革是构筑人才制度优势、实现高质量发展的战略之举。产业创新走廊只有遵循市场经济规律、人才成长规律、人才流动规律，进一步深化人才发展的体制机制改革，向用人主体放权，为人才松绑，才能使各方面人才各得其所、尽展所长。地方政府要赋予产业创新走廊的用人主体更多自主权，突出发挥用人主体在人才培养、引进、使用中的积极作用，建立人才发展改革“放权清单”，重点涵盖用人招聘、岗位聘用、技能等级认定等事项。产业创新走廊要统筹推进“编制留人”计划，建立规模适度编制“周转池”，从而更加精准招引人才。产业创新走廊要积极为人才松绑，尊重人才的成长规律，主动摆脱行政思维惯性，避免以简单套用管干部的方式去管人才，持续健全完善人才的管理制度。积极探索打破户籍、地域、身份、人事关系等方面限制，打通事业单位与企业

之间的人才流动渠道，促进人才资源有效配置。产业创新走廊要完善人才评价体系，加快建立以创新价值能力贡献为导向的人才评价体系，大力破除唯学历、唯资历、唯职称、唯论文的评价倾向，开展“四唯”自查。产业创新走廊积极探索制定系列职称改革方案，建立完善更加客观、科学、公正的技术人才评价机制，进一步激发专业技术人才创新活力。

三、发挥产业创新走廊人才的最大效能

无论是引进人才，还是培养人才，最终目的都是更好地发挥人才作用和效能。产业创新走廊要不断提高人才素质能力，推动实现人才资源彻底转变为区域发展的重要资源。要用好外来人才。要时刻关注人才发展，给政策、给平台、给机会。地方政府要对数字经济、生物经济、冰雪产业、创意设计等高层次和急需紧缺的特殊人才，实行“一事一议”“一人一策”，制定个性化人才培养计划。对产业创新走廊内的高新技术企业的研发人员，要优先纳入拔尖人才评选推荐范围。对产业创新走廊内被列入省级科技人才计划（项目）的人选和团队给予一次性资金奖励。地方政府要特别重视本土人才，要善于“就地取材”，主动向本地产业技能人才和高校毕业生伸出“橄榄枝”，吸引有号召力的带头人、有行动力的追梦人到产业创新走廊去创业。产业创新走廊要自主培养人才，加大专业人才培养力度，围绕重点产业布局，推动“校企”技能人才培养联盟建设，在产业创新走廊内推动打造多领域、多层次的职业教育培训基地，实现企业和院校的资源共用、共享。

四、抓好产业创新走廊人才的服务保障

人才的服务保障是让人才引得来、用得好、留得住的关键因素。地方政府必须把优化人才服务保障作为产业创新走廊关键举措，始终坚持做好服务人才工作，让一流人才获得一流待遇，从政策、资金、待遇等方面着手，提升人才的获得感、幸福感、归属感，解决人才后顾之忧，推动人才工作大环境整体提升。地方政府要完善产业创新走廊的人才政策体系，坚持人无我有、人有我优，注重出台政策的前瞻性、开放性。地方政府要对产业创新走廊现有人才政策进行梳理更新和完善调整，建立更加科学、高效、鲜明的人

才培育、评价、考核和激励机制。要抓好产业创新走廊的人才激励扶持，采取“资金+基金”“政府+市场”相结合的模式，用好用活各项人才政策，充分释放人才政策“磁场”效应。地方政府要优化和调整产业创新走廊内的人才财政支出结构，统筹安排使用好人才发展、就业等各方面的资金，保障资金投入力度，确保充分使用。要强化对产业创新走廊的人才服务保障，完善人才住房、子女入学、配偶就业等服务保障政策，面向各类优秀人才提供“一揽子”优惠和“一站式”服务。

将产业创新走廊建设成各创业创新人才首选地，要利用好各地方实施的人才计划，建设各地产业创新走廊中的人才创新创业集聚区、人才机制试验区，以科技人才服务示范区为着力点，营造良好人才成长发展环境，以人才价值驱动构建创新驱动格局。

第四节　创新驱动原则

所谓创新驱动，是指那些从个人的创造力、技能和天分中获取发展动力的企业，以及那些通过对知识产权的开发可创造潜在财富和就业机会的活动。也就是说，经济增长主要依靠科学技术的创新带来的效益来实现集约的增长方式，以技术变革提高生产要素的产出率。

一、创新驱动对于产业创新走廊的意义

（一）有助于我国形成国际竞争新优势、增强发展的长期动力

改革开放40多年来，我国经济初期的快速发展主要源于发挥了劳动力和资源环境的低成本优势。进入发展新阶段，我国贸易在国际上的低成本优势逐渐消失。

与低成本优势相比，技术创新具有不易模仿、附加值高等突出特点，由此建立的创新优势持续时间长、竞争力强。实施创新驱动发展战略，加快实现由低成本优势向创新优势的转换，可以为我国经济持续发展提供强大动力。

（二）有助于我国提高经济增长的质量和效益、加快转变经济发展方式

科技创新具有乘数效应。科技创新不仅可以直接转化为现实生产力，而且可以通过科技的渗透作用放大各生产要素的生产力，提高社会整体的生产力水平。

实施创新驱动发展战略，可以全面提升我国经济增长的质量和效益，推动经济发展方式的转变。

（三）有助于降低资源能源消耗、改善生态环境、建设美丽中国

实施创新驱动发展战略，加快产业技术创新，以高新技术和先进适用技术改造提升传统产业，既可以降低消耗、减少污染，改变过度消耗资源、污染环境的发展模式，又可以提升产业竞争力。

二、产业创新走廊实施创新驱动战略的约束

根据 2016 年 5 月出台的《国家创新驱动发展战略纲要》，都市圈中的产业创新走廊应该受到一些基本约束，主要包括以下几点。

（一）紧扣发展

产业创新走廊要坚持问题导向，面向都市圈核心城市的科技前沿、面向国家重大需求、面向国民经济主战场，明确我国创新发展的主攻方向，在关键领域尽快实现突破，力争形成更多竞争优势。

（二）深化改革

产业创新走廊要坚持科技体制改革和经济社会领域改革同步发力，强化科技与经济对接，遵循社会主义市场经济规律和科技创新规律，破除一切制约创新的思想障碍和制度藩篱，构建支撑创新驱动发展的良好环境。

（三）强化激励

产业创新走廊要坚持创新驱动的实质是人才驱动，落实以人为本，尊重创新创造的价值，激发各类人才的创造性，加快汇聚一支规模宏大、结构合理、素质优良的创新型人才队伍。

（四）扩大开放

产业创新走廊要坚持以全球视野谋划和推动创新，最大限度用好全球创新资源，全面提升我国在全球创新格局中的地位，力争成为若干重要领域的

引领者和重要规则制定的参与者。

创新是引领产业创新走廊发展的第一动力，是建设现代化都市圈经济体系的战略支撑，也是实现都市圈高质量发展的必要路径。近年来，我国都市圈中大众创业万众创新热潮不断兴起，显现出了聚焦生产领域、技术要素深度融合、成果转化更为活跃、与产业升级结合紧密、创新创业生态更加完善等特点。都市圈创新创业与技术创新、效率变革、产业升级和现代化经济体系建设结合得更为紧密，为促进都市圈的经济增长、提高劳动生产率和全要素生产率提供了有力支撑。

推动都市圈下的产业创新走廊升级发展对创新驱动的需求更为迫切，要求经济发展动能加快，从单一要素数量投入转变为更多依靠创新驱动，从而形成创新动能。

一要推动产业创新走廊传统产业转型升级。推动产业创新走廊高质量发展，就要推动量大面广的传统产业改造升级，促进新技术与传统产业融合，让传统产业焕发新动力、释放新动能。

二要加快产业创新走廊新兴产业培育。深入实施创新驱动和“互联网+”等创新发展战略，发展符合各地实际的新兴创新产业，通过产业创新走廊内的产业结构优化催生新技术、新动能、新活力。

三要促进产业创新走廊的创新成果的转化。搭建创新成果转化平台，畅通科技成果与市场对接渠道，健全科技资源开放共享机制，鼓励产业创新走廊的科研人员面向产业创新走廊的企业开展技术开发、技术咨询、技术培训等，实现产业创新走廊科技创新与企业创新创业深度融合。

建设高度对接都市圈核心的产业创新走廊，一定要围绕“研发、商务、产业、支撑”的新经济四大创新生态圈构建，探索促进创业创新与新兴产业发展的新组织、新模式、新机制，形成生态赋能型发展结构，支撑各外围卫星城市产业创新走廊的高水平建设与高质量发展。

南京都市圈及七市产业创新走廊

南京都市圈的规划对于苏皖两省的发展是具有跨时代影响的，有利于我国把以上海、苏州为龙头的经济发展逐步扩散到苏皖腹地。

第一节　南京都市圈现状

一、南京都市圈概述①

南京都市圈是指以南京为中心的经济区域带，位于中国东部、长江中下游沿江城市地带核心地区，地跨江苏和安徽两省，是中国第一个规划建设的跨省都市圈。南京都市圈核心为省会城市南京市，成员包括镇江、扬州、淮安、马鞍山、滁州、芜湖、宣城等七个地级市，下辖33个市辖区、11个县级市和16个县，总面积为6.6万平方千米。截至2022年，常住人口约3 550万人，地区生产总值近6万亿元。南京都市圈的第一阶段融合就是南京、镇江、扬州（以下简称“宁镇扬”）的同城化，后续阶段则是要依托主要入宁通道，打造各成员城市的人流和商流走廊。

南京都市圈规划范围已拓展到南京、镇江、扬州、淮安、芜湖、马鞍山、滁州、宣城八市全域及常州市金坛区和溧阳市。依托这一空间范围，南京都市圈将努力打造“一极两区四带多组团”的都市圈空间格局。

“一极”为都市圈龙头，即南京市。

“两区”为宁镇扬和宁马滁两个同城化片区。

“四带”分别为：沪宁合创新服务中枢发展带，密切对接上海、合肥综合性国家科学中心，加快创新驱动和转型升级；沿江绿色智造发展带，推进资源整合和绿色转型，增强对皖江城市带乃至长江中上游地区的辐射带动；南北方向的宁淮宣和宁杭滁两条生态经济发展带，畅通南北区域大通道，联动开展生态产业化和产业生态化。

“多组团”为都市圈内的县城和重点镇，加强与周边中心城市的统筹规划、功能配套和共同发展。

---

① 数据主要源自南京都市圈_百度百科　https：//baike. baidu. com/item/%E5%8D%97%E4%BA%AC%E9%83%BD%E5%B8%82%E5%9C%88/8895717？fr=ge_ala.

安徽省芜湖、马鞍山、滁州、宣城等市积极融入南京都市圈，一体化发展步伐持续加快。因为“近”，在南京上班，去南京看病，在南京上学的安徽人越来越多。距离优势，造就了同城化发展。如何推进同城化，南京都市圈规划确定了两阶段走的目标：第一阶段，瞄准全国，到 2025 年，都市圈同城化建设水平全国领先，基础设施一体化程度大幅提高，人均 GDP 超过 15 万元；第二阶段，瞄准世界，基本建成具有国际影响力的现代化都市圈。

南京都市圈建设与周围七市老百姓最大的关系在哪？无非是教育、医疗、出行、公共服务等。《南京都市圈发展规划》涉及建设南京都市圈八个方面的任务，简而言之，就是交通更畅、科技更强、行业更稳、产业更优、协同开放、合作更紧、完善机制、融合更深等。基础设施方面，打通“断头路”“瓶颈路”，构建内外综合立体交通网，建设“畅达都市圈”“智慧都市圈”；科技创新方面，共建研究—研发—应用创新链和产业创新中心，联合打造创新都市圈和科创共同体；产业协作方面，支持发展地标性产业，积极引导产业错位布局、分工协作和特色化发展，共建现代产业体系；开放合作方面，全方位服务国家重大战略实施，共建一批高水平开放平台和营商环境高地，合力打造“开放都市圈”；统一市场方面，全面打破行政分割、市场壁垒和行业垄断，统一市场准入标准，加快建设统一的人力资源市场、技术市场和金融资本市场；公共服务方面，推动教育医疗、文化旅游、就业社保和区域治理一体化发展，加快优质公共服务均衡普惠、整体提升，共同打造幸福都市圈；生态环保方面，建立健全生态环境共保联治机制，协同推进生态保护修复和环境污染治理，打造绿色都市圈；城乡融合方面，推动城乡要素跨区域合理配置，协同建设现代城市和特色田园乡村，率先实现城乡融合发展。比如在教育方面，《南京都市圈发展规划》提到，依托各城市优质学前教育、中小学学校资源，推动建立区域和跨区域教育集团、学校联盟，鼓励开展城乡区域学校牵手帮扶，引导名校在都市圈内开办分校，推进校长、骨干教师交流。在社保方面，《南京都市圈发展规划》提到，建立住房公积金异地信息交换和核查机制，推行住房公积金异地转移接续，在区域内探索实行互认互贷。推动以社会保障卡为载体的“一卡通”业务延伸到城市“五险一金”及其他公用事业领域。

二、南京都市圈七市的融入思路

南京都市圈城市和南京之间的连接主通道状况及公开的融入南京都市圈方案如下。

（一）南京–扬州

扬州是最有可能成为南京都市圈副中心城市的地级市。当然扬州能否真正成为副中心城市，还需要南京的赋能赋责，离不开南京市政府的大力支持和共建。

扬州紧紧抓住南京都市圈发展上升为国家战略的宝贵机遇，结合新一轮国土空间规划编制，着力写好产业、交通、生态、城乡四篇文章，以空间融合为先导促进扬州加快融入南京都市圈。

产业上注重“合”，打造产业发展新走廊。利用G328国道以及长江黄金水道，打造沿江科创产业发展带，串联仪征经济开发区、扬州高新技术开发区、扬州经济技术开发区、广陵经济开发区、江都经济开发区、综合保税区、扬州港等产业功能区，作为扬州参与南京都市圈建设、推进宁镇扬同城化的先导区。在新一轮空间规划中，将沿江科创产业发展带整体纳入全市“一区两心、一带两轴”的市域空间结构（一区即扬州都市区，两心即高邮市、宝应县，一带即沿江科创产业发展带，两轴即宁扬城镇发展轴、淮扬镇城镇发展轴），在空间规模分配、城镇边界划定上打破县域格局进行统筹安排，并呼应南京–镇江G42科创走廊、宁杭科创走廊，强化与长三角都市圈的产业承接、空间衔接，促进资金、人才、技术等资源要素加快向扬州集聚，支撑扬州的“产业科创名城”建设。

交通上注重“连”，打造互联互通的新格局。立足“新高铁”时代地理格局，在现有宁启铁路、连淮扬镇铁路基础上，在空间上重点支持北沿江高铁、宁扬城际铁路、宁盐高速、过江通道等基础设施工程建设，并围绕打造“1小时都市圈”，预留扬镇宁马城际铁路、扬州至泰州城际铁路、淮安经扬州至南京普速铁路等轨道工程的建设空间，进一步增强扬州对外的链接能力，实现扬州与南京、镇江的轨道交通一体化布局，加速融入南京都市圈、长三角轨道网络体系。

（二）南京-镇江

宁镇一体化，是镇江融入南京都市圈发展的关键一步。最现实、最紧迫的任务就是按照“示范带引领、全市域融入”的思路，集中力量打造G312产业创新走廊①，带动全市域、各领域整体融入南京都市圈。镇江要进一步强化规划协同、创新协作，在发展规划上与南京紧密衔接，实现“一张蓝图、一体建设”；在创新发展上加强跨区域“双创”合作，协同推进产业链创新链人才链深度融合，让更多科创成果转化落地；在生态保护上建立完善跨区域污染防治协作等机制，协同推进毗邻地段水、气、土的污染防治，守住自然生态安全边界；在公共服务上强化通勤、医疗、教育等方面的“无缝对接”“自由切换”，全方位提升公共服务一体化水平，努力把G312产业创新走廊打造成为优势互补产业协同、创新要素高效配置、生态环境联合治理、公共服务共建共享的示范带。

（三）南京-淮安

作为南京都市圈北边门户城市，淮安充分发挥宁淮合作、苏北重要中心城市双重叠加优势，重点加强交通、旅游、产业、民生四大项目对接，务实推进都市圈“共建、共享、同城化”建设，由单项合作转入多方位、多领域合作阶段，正在加速融入南京都市圈。

交通项目上，淮安市充分发挥京沪公路运输大通道重要节点的区位优势，依托较为齐全的综合运输体系，积极发展水陆空多式联运，强化区域性集散中心功能。

在铁路建设上，连淮扬镇铁路纵贯南北，南接沪宁城际，可直达上海虹桥枢纽和南京南站，项目实施对加强淮安、扬州、镇江、南京的快速连接和深度融合具有重要意义。要加快推进连淮扬镇铁路建设。在铁路建设上，连淮扬镇铁路纵贯南北，南接沪宁城际，可直达上海虹桥枢纽和南京南站，项目实施对加强淮安、扬州、镇江、南京的快速连接和深度融合具有重要意义。加快推进连淮扬镇铁路建设。连淮扬镇铁路正线全长305千米，设计速度250千米/小时。连淮扬镇铁路于2015年9月全面开工建设，2019年12

---

① 镇江国土空间规划 https：//www.163.com/dy/article/IURBN1KP0534MGXG.html.

月 16 日连淮段先期开通，2024 年 12 月全线贯通。

连淮扬镇铁路全线开通后，将形成纵贯江苏中部的铁路主通道，将苏北、苏中、苏南连为一体，这有利于沿线城市经济发展、旅游发展、文化交流、商务往来，推动连云港、淮安等苏北经济快速发展。

在公路建设上，加快推进 247 省道淮安至南京段项目建设。其中，247 省道淮安清浦至金湖段，全长 61. 11 千米，已于 2011 年 8 月 10 日建成通车；金湖至六合段，起自南京市六合县，向北经安徽天长，止于淮安市金湖县境内，全长 73. 88 千米。目前，247 省道南京段已建成，金湖段项目建议书已批复，与安徽天长段也正在抓紧协调建设。

在航道建设上，加快淮河入海、入江航道及金宝线建设，提升通江达海能力。到“十四五”末，将在市域范围内建成“米”字形铁路网，公路总里程达 1. 3 万千米，内河航道总里程达 1 483 千米，构建起公铁水空“四通汇流”的平台，实现与都市圈各城市间的无缝对接。

旅游项目，无轨对接，结成区域旅游共识。宁淮党委政府确立共同利益基础上的“共赢思维”，以强化彼此间的合作纽带。南京市秦淮区人民政府对淮安市里运河文化长廊规划建设给予支持和指导，依托南京市秦淮河水上旅游规划、投资、开发、经营管理的成功经验以及较强的游船项目运作团队，合作开通里运河水上游览线。

建立南京-淮安旅游合作平台。江苏省组织百强旅行社企业来淮安考察线路与产品，并与南京 16 家旅行社签订了合作协议。同时，积极与南京旅委沟通交流，共同研究制定旅游业合作相关发展的战略及相关政策；定期或不定期地就合作的进展及遇到的问题进行单边或多边协调磋商，以保障合作的顺利进行。

共推南京-淮安旅游一体化合作。青年奥运会期间，淮安 6 条精品线路被纳入南京都市圈必游线路，淮安的美食文化旅游线路、红色线路、生态休闲线路受到了中外游客的欢迎。2014 年，淮安共组团赴南京约计 400 余批次的旅游团队，南京来淮团队约计 1600 批次。南京先后组团参加了 2014 年中国（南京）国际度假旅游展览会、青奥会，南京旅游局也派员工参加了“游在淮安”系列活动。

产业项目，深度对接。《南京都市圈区域规划》明确淮安在南京都市群总体空间格局中处于江北产业转移承接片，这为淮安同都市圈成员市在项目合作上留下了充足的空间。

南京-淮安的园区建设合作有突破。江宁经济技术开发区淮阴工业园、南京经济技术开发区涟水工业园迈入全省南北共建园区考核先进行列，成绩呈逐年上升趋势。正在建设的“宁淮现代服务业集聚区”更是两市共建合作模式的创新，通过综合开发，将为淮安加快现代服务业规模化集聚化发展、培植千亿级产业以及加快苏北重要中心城市建设提供强大支撑。

南京-淮安特色产业合作有重点。根据特色优势产业横向联系，深化产业链互补合作，实现共享双赢。发挥南京的石油化工、高科技、服务业、软件业等产业优势，与淮安开展更多合作；鼓励芜湖的小家电和汽车零部件产业、马鞍山的现代服务业、宣城的文化产业、扬州和镇江的装备制造业到淮安投资兴业。

南京-淮安重大项目合作有方向。当前，淮安正在着力打造盐化新材料、特钢、电子信息、食品四大主导产业和高端装备制造、新能源汽车及零部件两大战略性新兴产业，加速形成“4+2”产业为主体的现代工业体系，这为淮安加强与兄弟市的合作奠定了基础、提供了空间。

南京-淮安民生项目，融合对接。随着经济社会的加速发展，南京都市圈人员往来更加频繁，经济联系更加密切，这对加快建立都市圈公共服务网络，尤其是交通、教育、医疗、社会保障等互转互通，提出了更高的要求。

在交通方面，淮安市发行的“广惠卡”，除具有在本市乘车刷卡功能外，目前还可在南京、扬州等城市乘公交刷卡，在互通的城市乘坐公交车享受与当地市民同等待遇。南京、扬州的市民卡在淮安也能通用，享受同等市民待遇。

在卫生方面，淮安在南京举办“人才与发展”淮医品牌建设恳谈会，与南京市卫生局就卫生信息、人才等医疗资源相互交流等方面签订合作协议；宁淮两市医院就 12 个项目开展科研，签订了对口支援合作协议。

在教育方面，南京市教研室和南京市小学教师培训中心，分别组织名师团队赴淮安开展“教学研究”及“小学音乐”专项培训，帮助淮安市开展

教师培训共计 1 500 人次；免费开设 15 个网络培训课程，使淮安市 2 000 余人次的教师从中受益。

在社保方面，淮安市新农合平台已与省政府平台对接，淮安市新型农村合作医疗患者在南京就医实现网络实时结报。2013 年淮安市被确定为省内异地就医联网实时结算试点城市。目前，淮安市异地就医主要分省辖市之间、市内各县区之间异地就医两大类型，会加快推进社保卡异地双向结算，推进大型公共医院纳入医保报销。

（四）南京–滁州

滁州市在资金、技术、人才、信息等资源方面相对缺乏，经济发展水平在南京都市圈内部处于下游。同时，滁州市受自身地理位置的制约，兼跨江淮两大流域，北面的凤阳、明光、定远三县属于淮河流域，与安徽的联系较为密切，南面的来安、全椒、天长三县和滁州市区则属于长江流域，而其中的天长与江苏联系更为密切。这种地理因素令滁州市区对下面县的辐射能力并不强，市区的城市化速度较慢、发展潜力受限。综合考量，滁州市的未来方向仍是通过进一步融入南京都市圈实现自身的更好发展。滁州已经从以下方面发力融入南京都市圈。

1. 进一步承接来自南京都市圈的产业转移

作为南京都市圈成员，滁州市充分利用区位、资源、环境优势，以建设承接南京产业转移新型产业园，打造承接产业转移示范区。滁州市大力发展苏滁产业园、汉河工业园、滁州市开发区等，在这几个园区之间逐步形成了现代产业集中区域，有效地将这些省级园区进行了连接，逐步发展为南京市规模最大的先进制造业承揽基地。

该制造业承揽基地主要承揽南京都市圈中转移的产业，既为滁州经济的快速发展提供了大量的资金，可以得到滁州经济发展需要具备的全能型人才、数据信息等，又可以产生技术溢出的效应，从而在一定程度上提升滁州的产业技术、操作水平等，最大程度地为滁州增加产业转移过程中的软硬实力，为经济的快速提升夯实基础。

全国工业和信息化部最新修订的《产业转移指导目录（2018 年本）》显示，滁州市优先承接发展的产业为：电子信息、轻工、医药、食品、化工、建材、机械、汽车、轨道交通、船舶及海洋工程装备。滁宁城铁的开通，必将为上述产业的承接和产业发展奠定坚实的基础。

2. 着力推动滁宁交通尤其是轨道交通的建设

在交通同城化上，滁州高速公路“四纵三横”的骨架网络已经形成；在公共服务上，滁宁两地跨省公交实现无缝换乘，公交卡刷卡互联互通。下一步就是以滁宁城际铁路的修建为契机，进一步推动两地交通网络的融合。滁宁城际铁路的开通，在一定程度上会推动区域同城化的发展，突破省际的边界，解除资源汇集中存在的各种障碍。滁宁城际铁路沿途所设16个站台，连接了中国北斗卫星导航（南京）产业基地、来安汊河经济开发区、苏滁现代产业园、滁州市政府等，必将有力推动沿线经济和地区产业的发展。除此之外，滁宁城际铁路在沿途为支持地方发展的居民出行便利，刺激当地消费，减少从市中心穿越造成的拆迁及施工修建的难度，线路中还设置了相官镇站（预留）、相官北站、来安南站（预留）、友谊路站、凤阳北路站（预留）、龙蟠大道站、滁阳路南站（预留）。

滁宁城际铁路建成后，江北新区到达南京仅需十分钟。江北新区的发展潜力也将随之凸显，从而带动滁宁两地人口的流动以及房地产行业的兴起，除此之外，投资商看准区域的商机，投资带动相关产业的发展。按照规划，滁宁城际铁路建成后，汊河新城也会随之受益。汊河到南京江北新区仅需15分钟左右，年轻人可以过上住在滁州、工作在江北新区的“双城生活”。

3. 进一步推动滁宁旅游、教育、医疗等方面的交流合作

第一，进一步推动滁州旅游业的发展。经过几年的发展，南京都市圈已经树立了四条具有特色的精品旅游品牌，其中包括滁州、南京、扬州以及淮安的文化之旅，南京、芜湖、滁州以及淮安的生态之旅两条旅游品牌。根据相关数据的统计，南京都市圈每年都会接收将近300万的人次到滁州休闲旅游的游客；并且持续举行了四届全椒县桃文化旅游节，每年到滁州旅游的客人达到了20万人次，南京客人约占总人数的三分之一。这将形成滁宁互为客源地、互为旅游目的地。将来城际铁路的修通，会有效促进两地之间的“快旅慢游”，在一定程度上提高旅游的可达性，增强游客出行的质量，充分展现出方便快捷的特征，从而缩减游客对目的地距离的感知，大大增加游

客在目的地滞留的时间，在一定程度上会提高旅游商家的潜在经济收益，并且还会盘活旅游市场现有的存货。城际铁路修通后，滁州至南京的时间将被缩减为半小时，以往预想的“远距离短期游”将成为可能。

第二，加强滁宁两地的教育合作。南京良好的教育带动了滁州地区教育的发展，如南京琅琊路小学等一批名校也在滁州设立分校。由此激励滁州本地学校进行特色办学，进行社会定位，使学校的价值得到充分发挥，为社会培育出高素质的全能型人才；力求建设综合型的大学，符合国家对创新发展的要求，从而使社会的大量需求得到满足；加强各地区高校之间的交流与沟通，推动特色办学的快速发展。为加快滁州高教科创城产学研融合发展，发挥入驻高校技术优势，带动相关高新产业发展，要加快实施滁州大学科技园公共实训基地。

第三，推动滁宁医疗领域的合作，进一步提升滁州医疗服务水平。滁州地区医疗卫生环境相对南京来说较差，相对会有更高的发病率，对医疗服务的需求也更高。一方面，推动南京带动滁州医疗水平的提高，改善滁州的医疗卫生环境；另一方面，交通的便利使滁州居民也可以享受南京的医疗服务。

4. 推动滁宁两地房地产业发展

第一，进一步开拓滁州市的房地产市场。随着滁州融入南京都市圈的进程加快，两城市的时间距离将极大缩短，由于滁州的房价相对较低，这种显著优势将会吸引南京市民前往滁州购买房产，当作他们的季节性住宅或者第二居住场所，进而在一定程度上可以使滁州市对房地产的需求得到满足。同时，滁宁城际铁路的开通运营，将会使得城市边界的概念变得更加模糊，届时京津城际的“双城生活”也将在滁州、南京尽情地展现。人们有可能定居在滁州，如此一来不仅可以尽情地享受省会城市为人们提供的优质服务，而且还可以带动滁州房地产市场的发展。

第二，进一步带动滁州新城区的建设进程。人口流动和产业转移的发展，会推动经济增长，刺激房地产业需求。而滁州打造滁州明湖西岸超级综合体使得这一点更加突显，进一步吸引南京市的人口、产业等向滁州转移，为房地产的发展带来更多机遇。

第三，进一步促进南京郊区房地产市场发展。随着滁州融入南京都市圈的进程加快，南京郊区的交通将会更加便捷，从而有效推动南京郊区尤其是江北地区的房地产的发展。

（五）南京-马鞍山

马鞍山自古就有“金陵屏障、建康锁钥”之称，同时也是南京的后花园。马鞍山融入南京都市圈的主体是花山区。花山区规划与江宁区共同编制“濮塘—云台山绿色新经济协同区规划”，两区共同打造“生态核心、绿色硅谷”和“濮塘—江宁云台山绿色经济协同区”，构建以小镇度假康养中心片区为核心，以濮塘南部自然生态观光片区、北部凤山田园综合体片区、盆山主题公园片区、海信体育运动片区为支撑的“一核四分区”布局。双方正紧锣密鼓共同推进协同区规划编制工作。未来，一个总面积约 200 平方千米的绿色新经济协同区将崛起于两市之间，成为两市融合发展的又一主载体。

马鞍山市融入南京都市圈的交通通道有宁马城际 S2、可能会产生分支的 S1，以及正在如火如荼建设中的江宁-博望合作区等。

（六）南京-芜湖

目前芜湖市对融入南京都市圈的意愿并不是太强烈，主要原因有三个方面：一是距离较远；二是芜湖是安徽省第二大城市，融入南京都市圈的动作恐怕没那么容易放开；三是 2021 年之后，合肥市的总人口数量就已经超过了南京市，合肥也在建设打造自己的都市圈，且在积极规划把芜湖纳入合肥都市圈。目前能看到的芜湖对于南京都市圈的融入规划比较少，就是可利用大家耳熟能详的宁芜铁路货运以及距离高淳较近的优势了。

（七）南京-宣城

宣城对于加入南京都市圈的态度较为冷淡。相较于芜湖，宣城在南京都市圈的融入建设上，目前看得到的就只有一个项目，那就是宁宣高铁。

第二节　G328 产业创新走廊融入南京都市圈

根据美国世界创新研究院的测度，20 世纪 80 年代以来，创新对于世界经济增长的贡献度高达 70%。创新的存在，为世界经济增长提供着源源不断

的动力。

当今中国，科技对经济增长的贡献率已经到了60%，创新对经济增长的作用更高，达80%以上。截至2023年，中国全社会研发投入达到3.58万亿元，环比增长15.2%，财政研发投入强度达到2.76。中国的国家创新力指数虽然排在世界第9位（小国的创新力指数因为基数小而排名靠前），但中国经济体量巨大，中国的创新经济规模已经连续10年居于世界第2位，仅次于美国，且中美创新经济规模的差距在越来越小。

扬州G328产业带已经发展了四十多年。目前，依托扬州G328产业带来打造扬州G328产业创新走廊的关键在于科创赋能[①]。

在南京都市圈获批后，如何有效构筑南京都市圈外的七个地级市和中心城市南京市之间的辐射通道，并通过辐射通道实现产业资本、技术、人口、商业等的互相流通，也是需要探索的重要问题。研究扬州G328产业创新走廊，有助于该问题的解决方案的应用推广。

南京都市圈的打造除了高效便捷的人流之外，最关键是要构建有效的产业商业和科技流通通道载体，要借助相关通道载体，把南京优质的产商和科技资源扩散到圈外的七个地级市，最终实现都市圈的整体共赢发展。七市沿着通往南京的主要交通线布局“轮辐状”产业创新走廊是一条较为可行的道路。

提升南京都市圈能级、加快宁镇扬一体化步伐是江苏省委《关于贯彻落实习近平总书记重要讲话精神扎实推进长三角一体化发展的重点任务》的重要内容。江苏省第十四次党代会报告明确指出：加快宁镇扬、苏锡常一体化进程，努力打造全省现代化建设先行带、引领带。江苏省“十四五”规划亦明确提出，“构筑区域创新高地，推进宁镇、宁扬产业创新协作”。在江苏省委省政府对未来五年谋划的多个重要文件中，都把宁扬协作作为推动长三角一体化、实现创新引领、落实高质量发展的重要内容，为扬州科创名城建设提供了战略机遇。

扬州作为江苏中部重要节点城市，如何抢抓南京都市圈建设带来的重大

① 江苏省人民政府对省政协十二届五次会议第0439号提案的答复（关于规划建设G328科创走廊的建议） http://www.jiangsu.gov.cn/art/2022/7/13/art_59167_10540814.html.

机遇，如何主动对接，深化合作，加速融入全省一体化、长三角一体化发展，已成为当务之急。G328 国道在南京有仙林高教园区、南京软件园等高能级创新策源地，在扬州已有扬州经济技术开发区、仪征经济技术开发区等重要产业承接园区，形成了较为完备、互为补充的创新体系。G328 产业创新走廊的建设既有助于推动宁镇扬毗邻地区产业协同创新发展，亦有利于联动实施长三角区域、宁镇扬一体化高质量发展，更有助于形成全省区域创新科学布局。

一、G328 产业创新走廊建设是提升区域产业发展能级的重要抓手

创新是产业转型升级的核心动力。江苏省第十四次党代会指出，要坚持把创新作为江苏发展的第一动力，聚焦聚力建设科技强省。扬州经济的高质量发展和区域产业发展能级的提升，要通过战略性新兴产业引培、传统产业升级协同发展，齐头并进。G328 产业创新走廊的建设，第一目标是通过机制、政策、基础设施建设等分类赋能，引导各板块主导产业的差异发展，避免区域内耗、产业的同质化、低水平内卷，尽快在区域内形成 1～2 个在江苏乃至全国标识度明显的地标产业。走廊建设的第二目标是通过科创资源集聚和科创平台载体的共建共享，在区域内产业创新主体之间形成良好的协同机制，有利于推动大体量项目、高科技企业在扬州集聚，拉动区域经济增长。

二、G328 产业创新走廊建设是推动产业科创名城建设的重要支撑

产业科创和科创产业双向发力是有效推动“产业科创名城”建设的关键。G328 产业创新走廊的建设，可有效推动区域内重点产业链的深度对接。南京科技创新成果的转化也可以通过 G328 产业创新走廊更好地向扬州外溢，与扬州联动发展。通过为走廊内创新主体提供个性化、差异化的政策，可以更好地激发主体创新的意愿，把科创资源更好地向企业集聚，通过机制创新，更好地推进产学研一体化。打造 G328 产业创新走廊，有利于科创资源流动集聚，科创平台的建设和高效运行，为企业等科创主体研发设计、检测检验、试验试制、转移转化、创业培训等提供更为便捷高效的一体化科技

创新服务，从而推动区域产业的科技创新。同时，高质量的科创载体和科创环境也有助于吸引更为丰富的科创资源在区域集聚，推动航空、生物医药、新一代信息技术、新材料、新能源、新光源等科创产业的发展壮大，从而更好地引领支撑扬州产业科创名城的建设。

三、G328 产业创新走廊建设是优化区域科技创新生态的重要途径

科技创新生态系统强调系统内部主体之间以及主体与环境之间的互动。G328 产业创新走廊的建设，可以统筹走廊区域内的产业和科创平台资源，通过组织、机制、政策等方式赋能，对外要建立科创资源高效流通通道、强化科创资源链接、建设科创成果共享机制，拓展宁扬产业科创联动的内涵和层次，进一步推进宁扬科创合作环境的优化；对内要加强特色科创园区建设，推动地方政府在走廊共建、成果共享等方面的同向同行，打通科创壁垒，强化科创主体之间的交互协同，实现区域内创新生态的优化和提升。

第三节　G328 产业创新走廊建设背景

如何提升南京都市圈的能级、加快宁镇扬一体化步伐是江苏省委《关于贯彻落实习近平总书记重要讲话精神扎实推进长三角一体化发展的重点任务》的重要内容。江苏省第十四次党代会报告明确指出：加快宁镇扬、苏锡常一体化进程，努力打造全省现代化建设先行带、引领带。江苏省“十四五”规划亦明确提出，“构筑区域创新高地，推进宁镇、宁扬产业创新协作”。在江苏省委省政府对未来五年谋划的多个重要文件中，都把宁扬协作作为推动长三角一体化、实现创新引领、落实高质量发展的重要内容，为扬州科创名城建设提供了战略机遇。

扬州如何抢抓南京都市圈建设带来的重大机遇，继续深化合作并加速融入全省一体化、长三角一体化已成为江苏省发展当务之急。G328 国道既是连接南京与扬州的交通轴线，也是横贯扬州仪征、邗江、广陵、江都、生态科技新城等多个板块的发展走廊。G328 国道沿线区域人口密集、产业聚集、创新资源富集，在南京有仙林高教园区、南京软件园等高能级创新策源地，

在扬州有扬州经济技术开发区、仪征经济技术开发区等重要产业承接园区，形成了较为完备、互为补充的创新体系。江苏省规划建设 G328 产业创新走廊，既有助于推动宁镇扬毗邻地区产业协同创新，亦有利于联动实施长三角区域、宁镇扬一体化高质量发展，更有助于形成全省区域创新科学布局。

具体来说，G328 产业创新走廊建设背景有如下四点。

一、国家级南京都市圈的出台

2018 年 12 月，南京都市圈党政联席会议审议通过《南京都市圈一体化高质量发展行动计划》，并决定启动《南京都市圈发展规划》编制工作。2019 年 8 月，南京都市圈再次扩容，又新增加金坛区、溧阳市两地区。2021 年 2 月，国家发改委正式批复成立国家级南京都市圈战略。

南京都市圈是以南京为中心的经济区域带，位于中国东部、长江中下游沿江城市地带核心地区，地跨苏皖两省，是中国第一个规划建设的跨省都市圈。南京都市圈外围成员为镇江、扬州等 8 市，总面积 6.6 万平方千米，常住人口 3 500 多万人，地区生产总值近 5 万亿元。南京都市圈的重点是“圈”，也就是 8 市如何对接南京，形成聚集效应的都市圈集群。

扬州是南京都市圈最具有典型性的卫星城市。从扬州出发，通过打造对接南京市的 G328 产业创新走廊可以为其他 7 市提供一种新的主动融入南京都市圈的新思路，如镇江的 G312 产业创新走廊建设、马鞍山的 G4211 产业创新走廊建设、滁州的 G36 产业创新走廊建设等。

扬州是南京都市圈最为重要的成员。扬州对南京都市圈的实质性的融合除了基础交通外，最重要的是产业以及科创人才的交融。扬州市委市政府认为，通过打造 G328 产业创新走廊，能够较好解决该问题。因为截至 2023 年底，G328 产业创新走廊沿线已有八家主要产业园区，汇集了扬州市工业开票额的 60%，贡献了扬州市税收的 45%，汇聚着扬州 90%的高校资源。

2020 年，时任扬州市委书记夏心旻首次提出了构建 G328 科创生态走廊的调研设想。2021 年，扬州市第七次党代会正式明确提出建设 G328 科创生态走廊的工作任务。在 2022 年 2 月的《扬州市政府工作报告》中，市长王进建正式部署建设 G328 产业创新走廊的战略性任务。扬州市正以前所未有

的热情以及重中之重的高度来看待南京都市圈中的G328产业创新走廊建设。

2022年6月10日，扬州市委书记张宝娟和南京市委副书记夏心旻就扬州市和南京市在南京都市圈下的市际合作签订了战略合作协议，协议中很重要的内容就是围绕G328产业创新走廊加强宁扬城际合作。

建设好G328产业创新走廊，可以为南京都市圈的其他7市找到一条通过建设产业走廊，创新赋能增强城市竞争力，实现经济的高质量发展。长远来看，甚至可以给全国其他都市圈建设找到一条新路子。

二、长三角城市群规划的重要一环

2016年5月11日，国务院常务会议通过《长江三角洲城市群发展规划》，提出培育更高水平的经济增长极，到2030年，全面建成具有全球影响力的世界级城市群。长三角城市群规划提出，发挥上海中心城市作用，推进南京都市圈、杭州都市圈、合肥都市圈、苏锡常都市圈、宁波都市圈等五大都市圈同城化发展。在扩大开放方面，要大力吸引外资，扩大服务业对外开放，探索建立基于内循环的长三角城市群自由贸易区，推进贸易便利化在产业发展方面，要强化装备制造、信息技术、生物制药、汽车、新材料等高端制造业关键领域创新，积极发展金融、研发、物流等现代服务业。

根据国务院批准的《长江三角洲城市群发展规划》，长三角城市群包括上海等26市。公开资料显示，长三角城市群有全国约1/4的“双一流”高校，每年研发经费支出和有效发明专利数均占全国1/3以上。

扬州是长三角城市群中的江北城市。江北城市要融入长三角城市群发展必须面向长江，跨过长江，与对岸城市实现无缝对接。对于扬州而言，则是必须积极依托G328产业带，打造多个跨江通道，与江南的镇江市实现产业、资本、科技等的高度融合，甚至不排除未来实现行政融合，打造横跨长江的2万亿镇江-扬州经济体。

目前，镇江扬州城市发展都在相向而行，共促产业科创带的高度融合。镇江扬州经济体已经是江苏南京之外，长江下游江苏段夹江经济最为融合的两个城市。

三、扬州市委市政府对 G328 产业创新走廊的高度重视

依托 G328 产业带，打造 G328 产业创新走廊这一想法最早是由扬州市委主要领导于 2019 年提出，后来在 2020 宁镇扬党政联席会经过论证后首次正式确认。

围绕着相关会议精神，根据扬州市委市政府的战略部署，2020 年 12 月 7 日开始，扬州市发改委密集调研 G328 国道沿线的科创资源，并于 2020 年 12 月 8 日首赴南京市发改委汇报“沿 G328 打造科创生态走廊”的实施方案。南京市发改委蒯旭光副主任等对扬州市的科创生态走廊方案提议表示高度支持，指出了 G328 产业创新走廊对扬州产业科创名城的落实具有重大意义，同时表达了如果扬州决定建设这一战略性的 G328 产业创新走廊，南京市发改委愿意进行相关产业和科创资源对接、支持、互动。

2021 年 1 月 12 日，扬州市发改委就《建设 G328 科创生态走廊的初步设想》向江苏省发改委领导和专家进行了汇报，听取领导、专家意见，江苏省发改委长三角处和省规研中心等负责人听取了汇报。

2021 年市委七届十次全会、扬州市人大会议等再次对打造 G328 产业创新走廊的设想进行确认。

2022 年 6 月 10 日，南京市和扬州市在南京都市圈合作框架协议中，将两市共同打造 G328 产业创新走廊作为其重要内容。

四、扬州经济实现高质量发展的关键

截至 2023 年，扬州 GDP 已经高达 7 504 亿元。按照近五年 6%的年平均发展速度，距离万亿 GDP 的城市发展目标也就是 5 年的事情，预计在 2028 年实现万亿 GDP 的目标。如果扬州能按照 10%的年平均发展速度，则 3 年就可以实现万亿 GDP 的目标。究竟是 6 年还是 3 年，关键就在于扬州能否完成科技赋能，真正实现高质量发展。

目前就扬州的制造业而言，要实现科技赋能，转变发展模式，主要途径有三个。一是直接引进大型科技型企业，最好是独角兽企业；二是引进外部科技嫁接本地企业；三是加强本地科技型企业的研发能力，实现重大科技研

发突破。这三个途径都离不开南京、上海、镇江等地的科技外部智力资源。也就是说，在当前扬州宏伟的万亿 GDP 的城市目标下，扬州务必加大科技投入，吸引外部智力资源，而目前最具有引智条件的区域就是 G328 产业带。在 G328 产业带上进行科技赋能，打造出一条产业创新走廊。

G328产业创新走廊的建设基础

基于 G328 交通线打造一条通往南京大都市核心的高效产业创新走廊，是扬州融入南京都市圈的必然路径。目前，扬州建设 G328 产业创新走廊已经具备了雄厚的资源、产业、路网、公共配套等基础。

第一节　资源建设基础

一、科技创新资源

截至 2021 年末，扬州 G328 沿线连接有 8 个省级以上综合产业园区，包括扬州经开区、扬州高新区、维扬开发区、江都开发区、广陵开发区、杭集高新区、仪征开发区和化工园区。

八大园区规划有 736 家高新技术企业，沿线科创综合体拥有高新技术企业 138 家，合计共有高新技术企业 874 家，占全市 1 500 家高新技术企业总数量的近 60%（见表 5-1）。

表 5-1　2021 年 G328 沿线开发园区科创资源情况汇总

产业园区	研发投入				创新产出			科创载体		
	企业研发投入占主营业务比重（%）	有研发活动的规上工业企业占比（%）	研发人员占从业人员比重（%）	省级以上双创人才数量（人）	高新技术产业产值占规上工业产值比重（%）	累计有效发明专利授权数（件）	当年备案技术产权合同交易额（亿元）	省级以上特色基地（园区）	科技产业综合体数量（个）	高校及科研院所（家）
扬州经开区	2. 8	36. 4	9	45	59. 7	717	0. 6	31	3 个	1
扬州高新区	5. 9	92	12. 9	106	64	756	1	25	6 个	4
维扬开发区	0. 4	87. 8	7. 4	60	60	282	0. 7	22	1 个	无
江都开发区	2. 7	67. 9	17. 1	29	39. 9	44	0	8	2 个	无
广陵开发区	2	66. 7	8	9	83. 9	67	0	4	1 个	无
杭集高新区	4. 3	97. 5	12	4	28	141	2	1	3 个	2
仪征开发区	1. 1	37	7. 8	8	22. 3	98	0. 3	2	2 个	无

续表

产业园区	研发投入				创新产出			科创载体		
	企业研发投入占主营业务比重（%）	有研发活动的规上工业企业占比（%）	研发人员占从业人员比重（%）	省级以上双创人才数量（人）	高新技术产业产值占规上工业产值比重（%）	累计有效发明专利授权数（件）	当年备案技术产权合同交易额（亿元）	省级以上特色基地（园区）	科技产业综合体数量（个）	高校及科研院所（家）
仪征化工园区	2.5	39.4	8	无	74.5	77	0	2	无	无
合计	2.5	78.2	8.4	261	55.2	2635	7.1	95	18 个	7

在经济收入方面，八大园区 2021 年工业总产值达 2 100 亿元，工业开票达 3 200 亿元（见表 5-2）。

表 5-2　2021 年 G328 沿线开发园区科创资源情况汇总

产业园区	经济指标			企业培育							
	工业总产值（亿元）	工业开票（亿元）	服务业营收（亿元）	有效高企数（家）	科技型中小企业数（家）	独角兽企业数（家）	瞪羚企业数（家）	科创板上市企业数（家）	省三站三中心（个）	企业实验室数（家）	规上企业数量（家）
扬州经开区	632	608	81	83	50	0	0	0	32	1	124
扬州高新区	378	230	21	69	84	0	3	0	41	2	246
维扬开发区	254	216	338	61	60	0	4	1	50	2	192
江都开发区	196	480	430	73	20	0	0	0	73	2	81
广陵开发区	209	133	49	107	24	0	0	0	41	2	102
杭集高新区	118	98	19	17	6	0	0	0	7	1	116
仪征开发区	264	506	18	50	27	0	0	0	28	0	194
化工园区	130	230	23	13	5	0	0	0	6	0	93
合计	2 123	3 201	979	736	358	0	7	1	445	12	1 148

在科技创新方面，共有高新技术企业 736 家，省级以上特色基地（园

区）95 家，省级以上特色基地（园区）高新技术产业产值占规上工业产值比重平均达到 55%，是扬州主要的科技创新集群基地。

在人才培养方面，共有省级以上双创人才 261 人，研发人员占从业人员比重平均达到 8.4%。扬州 G328 沿线还汇聚着包含 31 个科技综合体、科技园等在内的扬州市近 90%的科创资源，汇聚着扬州大学、扬州市职业大学、广陵学院、通达学院、扬州工业职业技术学院、江苏旅游职业学院、江海学院等七所高校，扬州 G328 沿线科创单位 2021 年取得了扬州全市 70%以上的专利。此外，扬子津大学城、扬州大学科技园等众多多沿线高校、科研院所、科技综合体也位于 G328 国道沿线，通过联合开展协同创新研究，可为科创生态走廊提供有利的科技研发及人才支撑。

扬州 G328 的南线以及西线另一头还分布着镇江、南京的众多高校，典型的如南京大学、东南大学、南京信息工程大学、江苏大学、江苏科技大学等，这些高校科技输出能力出众，是江苏省科技 50 强的主力。2021 年这些高校的科技输出占江苏省科技输出的 90%以上（见图 5-1）。

二、产业资源

扬州市主要产业资源大体如下：现有国家级开发区共 2 个，分别为扬州经济技术开发区、扬州国家高新技术产业开发区；省级开发区共 9 个，分别为宝应经济开发区、高邮经济开发区、仪征经济开发区、江都经济开发区、广陵经济开发区、维扬经济开发区、杭集高新技术产业开发区、高邮高新技术产业开发区、江都高新技术产业开发区。

扬州 G328 沿线目前连接有 2 个国家级产业园区，即扬州经开区、扬州高新区；6 个省级综合产业园区，包括维扬开发区、江都开发区、广陵开发区、杭集高新区、仪征开发区和化工园区。此外，G328 沿线还规划有市级园区 5 个。在经济规模方面，各园区 2021 年工业总产值达 2 123 亿元，工业开票达 3 200 亿元。

目前 G328 沿线八大省级以上园区集聚着扬州市 40%以上的 GDP，50%以上的税收，近 80%的制造业产值。

G328 国道沿线产业园区聚集了汽车制造业、绿色光电产业、数控装备

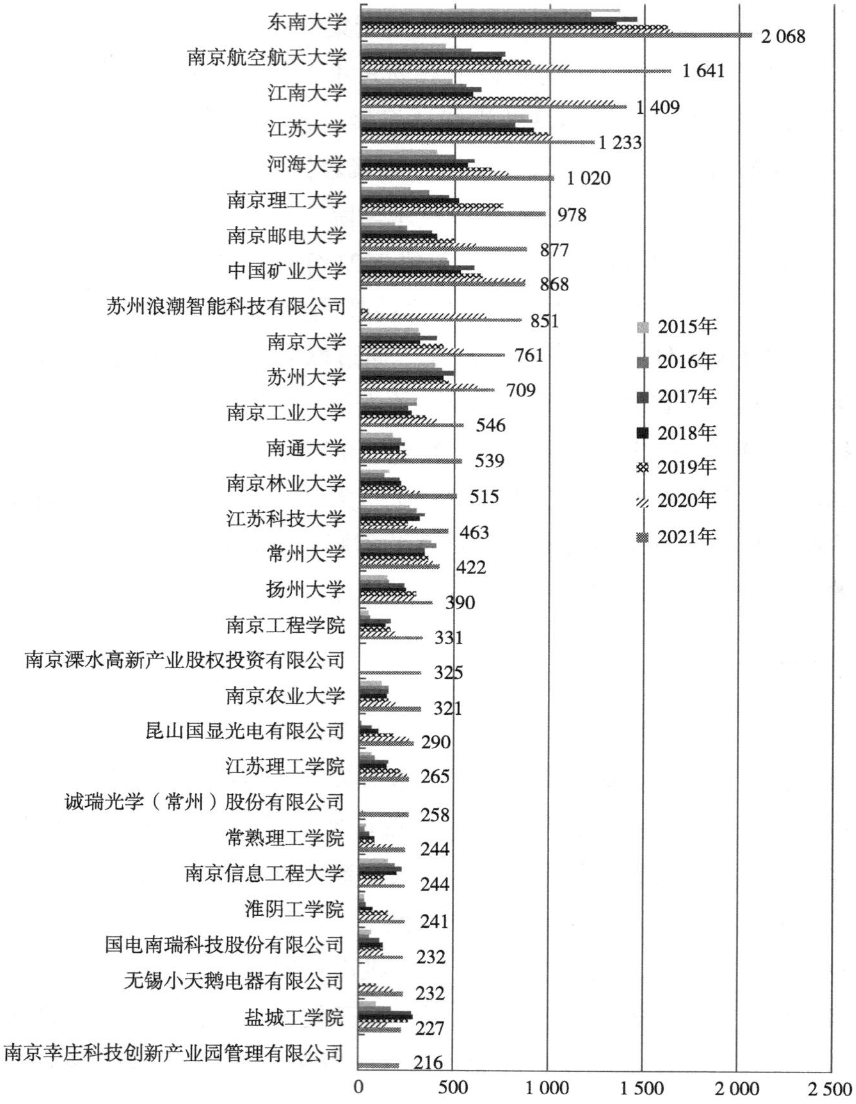

单位	2021年
东南大学	2 068
南京航空航天大学	1 641
江南大学	1 409
江苏大学	1 233
河海大学	1 020
南京理工大学	978
南京邮电大学	877
中国矿业大学	868
苏州浪潮智能科技有限公司	851
南京大学	761
苏州大学	709
南京工业大学	546
南通大学	539
南京林业大学	515
江苏科技大学	463
常州大学	422
扬州大学	390
南京工程学院	331
南京溧水高新产业股权投资有限公司	325
南京农业大学	321
昆山国显光电有限公司	290
江苏理工学院	265
诚瑞光学（常州）股份有限公司	258
常熟理工学院	244
南京信息工程大学	244
淮阴工学院	241
国电南瑞科技股份有限公司	232
无锡小天鹅电器有限公司	232
盐城工学院	227
南京幸庄科技创新产业园管理有限公司	216

图 5-1　2021 年江苏省科技专利 50 强

制造业等众多先进制造产业，具有较强的产业发展基础。将优势产业进行资源整合，推动产业链跨区域协同，探索建立产业转移利益分享机制，促进产业链、创新链精准对接是各大科创园区的共同诉求，也是扬州产业升级的大

势所趋（见表 5-3）。

表 5-3　G328 沿线园区重点产业布局

序号	先进制造业集群	优势产业链	主要布局园区
1	汽车及零部件	汽车及零部件*	仪征开发区、维扬开发区、广陵经济开发区
2	高端装备*	数控成型机床	市高新区、江都高新区
3		专用机械设备	市高新区、广陵开发区
4		人工智能（工业机器人）	杭集高新区、江都高新区
5	新型电力装备	电线电缆*	光电产业园
6		太阳能光伏（含储能电池）*	市开发区、广陵开发区、光电产业园
7	软件和电子信息服务业	软件信息和大数据*	仪征开发区、市开发区、市高新区、广陵新城
8		电子元器件*	维扬开发区
9		新光源及新型显示	市开发区
10	生物医药及新型医疗器械	生物医药*	市高新区
11		新型医疗器械*	广陵开发区
12	海工装备和高技术船舶	海工装备和高技术船舶*	江都、广陵、仪征沿江区域
13	高端纺织服装	高端纺织服装*	邗江开发区
14	食品	食品*	广陵食品工业园
15	航空	航空*	杭集高新区、广陵开发区
16	其他	化工新材料*	仪征开发区
17		特钢材料及新型建材	江都开发区、广陵产业园
18		高端日化	杭集高新区
19		节能环保	扬州市高新区
20		新电源（储能）	仪征开发区

注：加＊号为扬州市领导挂钩重点产业。

扬州要建设产业科创名城，必须依托产业集聚带，而扬州市的最大产业集聚带就是在 G328 沿线。通过对 G328 产业创新走廊的建设，可以更好地整合高端制造业资源，发挥 G328 产业带的科创效应，实现扬州经济的更高质量发展。

三、道路交通

G328 国道的宁扬段东至江都，西至六合，横跨扬州江都区、生态科技新城、广陵区、邗江区、经济技术开发区和仪征市，全长约 120 千米，是扬州和整个宁镇扬地区一条重要的交通通道，该国道不仅串联了扬州的各主要科创园区，更与南京、镇江各大园区形成带状串联式发展，加速宁镇扬在产业创新发展的一体化进程。

此外，在对外交流方面，同为东西走向的 G40 沪陕高速与 G328 国道扬州段部分路段平行，对 G328 产业创新走廊的对外发展提供了有利的道路交通条件。遇到交通拥堵时，G328 国道车辆可以很方便地从 G328 转道更为高效的 G40 沪陕高速。此外，东西走向的省道沿江高速为降低物流成本提供了一个新的选项。而向南过江后，长江南岸的东西大动脉沪蓉高速以及 G312 则为 G328 产业带提供了新的交通选择。

在内部协作方面，G328 产业带与南北向的启扬高速、京沪高速、城南快速路、S237、S333 等市内主干道及快速路形成了局域有机串联，实现了扬州市内各方资源的高效互通和协同式发展。

四、公共配套基础

G328 产业创新走廊的公共配套是相当健全的。在 G328 沿线上有高校七所，专业科研院所 4 个，三甲医院两所，扬州中学等五星级高中三所，树人中学、育才小学等 9 所优质中小学和扬州大学一幼、二幼、机关二幼、三幼等 4 所幼儿园。

商业设施上，扬州 G328 产业创新走廊上分布有南区大润发等多个大型商业中心；娱乐餐饮设施上，扬州 G328 产业创新走廊靠近西区京华城、美食街、彩虹世界等，可以满足不同的消费需求。

非稀缺资源对于 G328 产业创新走廊没有太大影响。如果能把具有稀缺性的教育资源等和产业创新走廊相挂钩，就能对 G328 产业创新走廊的发展产生极大的公共产品保障推动作用。

第二节　区位建设基础

目前来看，在 G328 沿线建设扬州链接南京都市圈的产业创新走廊是很有区位优势的，这主要是因为 G328 沿线相对于其他交通主干道，优势明显。

一、G328 和 G40 的建设

G328 与 G40 在扬州段特点为东西两端分开，中间城区部紧邻延伸。具体为在东部汤汪枢纽开始向东，呈发散分开状；在西面汊河枢纽向西，也呈发散分开状；在车河枢纽到汤汪枢纽这一段，大约 20 千米，呈高度黏合紧邻走向，之间宽度区域在 2 千米左右，最窄处仅有 1 千米，这一段狭长产业带，布局有邗江高新区、扬州经开区、广陵经开区、杭集高新区等众多科创载体。

二、G328 和 S353 以及 S356 的建设

S353 是扬州通往南京的一条东西向重要交通要道。S353 东起扬州市区的中轴线——文昌路。但 S353 在火车站向西才开始有相关产业园区配置，并且 S353 沿线的产业较为稀疏，更为适合发展一些居住或者养老的产业配置。

在 G328 的南侧，还有一条东西向沿江公路 S356。S356 的南侧则是国家级沿江保护湿地，北面是 G40，再向北则是 G328。G328 和 S356 之间是目前 G328 产业带的主体，也是扬州的科创主要载体，形成了扬州目前最大的第二产业空间。

三、G328 和 G312 产业创新走廊的关系

G312 是一条在镇江境内，直通南京紫金新区的重要通道。在这个通道

两侧，分布着众多的园区和企业，即G312产业走廊。G312与G328两条要道隔江相望，并通过G4011相连接启扬高速，通过润扬大桥。

整个规划就是在东起G2（京沪高速），西至G4011（启扬高速），北到G328，南到G42-S35，构成一个“口”字形闭合空间。

第三节　战略建设基础

G328产业带的创新走廊建设有着较为坚实的基础，区域协调发展存在较大契机。

G328国道沿线聚集众多科创园区和科研院校，在政策发展、产业基础、科技创新、人才储备、道路交通等方面具有优越的基础条件；以科创生态走廊整合连接起扬州优势资源，助力扬州新兴科创名城建设是时代的发展所需，也是扬州产业经济腾飞，提升地区影响力的重要推动力。

在G328产业创新走廊的战略定位问题上，当前有这么三点问题无法回避。

第一，G328产业创新走廊的战略定位要明确。究竟是扬州自己单打独斗，还是要融入省级甚至国家级战略中去？如果扬州完全自己投资来搞这个科创产业带，自然不需要过多考虑与其他国家战略协同。如果G328产业创新走廊需要省里财政投入甚至国家资金、资源等投入，这就需要跟其他战略进行战略协同，起码要跟镇江、南京进行战略协同、统筹规划，就像G312融入“沪宁产业带”的国家战略中一样。如果扬州G328产业创新走廊也要作为“沪宁产业带”国家战略中的一部分，就需要赶时间跟省发改委相关部门以及镇江、南京等地对接。

第二，扬州G328产业创新走廊如果跟G312产业创新走廊一南一北、闭合循环共建“沪宁产业带”的子带，还需要市领导带队对接省发改委长江处以及省交通厅等单位，了解“十四五”期间的交通规划，特别是把扬州镇江的跨江融合大交通的事情提上规划日程。

第三，G328产业创新走廊核心区和毗邻区要不要建？怎么建？建哪儿？

基于以上分析，G328产业创新走廊必须有以下功能定位。

一是宁镇扬要素联动合作示范区。以仪征经济技术开发区为先导，建设宁镇扬一体化战略的产业合作的重要载体，构建“扬州-南京-镇江”产业创新走廊云平台。该云平台设立专家库、企业库、大型科学仪器等公共创新资源库，构建合作区域内资源与利益共享机制，逐步打造平台共建与资质互认的合作示范区。

二是长三角产业创新转化集聚区。以扬州高新区、扬州经济技术开发区、维扬经济技术开发区为核心，放大科创载体平台对区域产业创新的赋能效应，聚焦传统产业转型升级和现代产业孵化培育，探索融合研发、创意、设计、中试、检测、无污染生产、生产性咨询服务等具有显著产业创新联动的体制机制建设。率先在优势产业领域探索建立开放合作创新治理制度体系，成为产业转型升级与转化的集聚区域。

三是未来城市宜创宜居典范区。践行“绿色、创新、人文”理念，放大江广融合区的秀美生态效应和历史文化效应，以高品质生态环境和文化内涵吸引高端科创资源和主体集聚，以体制机制创新推动“科产城人”融合，以科创生态良性发展实现发展动能的提升，将江广融合区打造成产业生态创新和城市宜创宜居的样板，率先成为引领未来城市创新发展的典范区。

四是扬州产业科创名城的创新“脊梁”。围绕扬州“533”产业科创计划，依托走廊区域内产业科创的平台优势，在组织、机制、政策、人才等方面充分赋能产业科创和科创产业，加速创新要素在走廊区域内的流动联动，强化产业差异化发展定位，优先支持特色产业园区平台建设，推进科创平台共建共享机制构建，在走廊内逐步形成科创资源密集、科创主体活跃、科创链条完善、产业差异化发展的协同创新体系，使 G328 产业创新走廊成为扬州产业科创名城的创新“脊梁”。

第四节 产业建设基础

一、产业现实

G328 国道是江苏苏中地区一条重要的通道，连接了苏中地区各城市，

也是江苏沿江大开发战略中的一条重要的东西向沿江交通大动脉。G328 国道东起江苏省南通启东市，西至湖北省老河口。经过多次建设，G328 国道现已经达到国家一级公路的标准。

G328 国道是扬州市在 20 世纪 80 年代开始建设的第一条直通南京和上海的国道，也叫宁通高速，为了更好地把物流和路网结合，很多企业纷纷在 G328 国道的两侧创建，后期在规范过程中逐渐形成了目前的众多产业园区格局。

G328 国道在扬州经济发展初期的作用巨大，扬州靠着这一条大交通动脉实现了东西方向的人员和货物流通。

虽然扬州东西向的交通动脉增添了 G40 沪陕高速、S356 沿江高速，但 G328 依旧是主要的宁扬城际通道，承担着 70%的宁扬物流和 30%的宁扬人流。G328 沿线的八大园区完成了扬州市 40%的 GDP，提供了 50%的税收。

扬州 G328 沿线东从江都开发区到西面的仪征开发区，东西长约 65 千米，南北宽约 5 千米，总面积约 325 平方千米，实际建设面积约为 100 平方千米，已经是一条名副其实的产业走廊。

扬州市的科创资源，主要集中在 G328 国道沿线产业走廊。该走廊起点可以看作江都经济开发区，终点为仪征经济开发区。G328 产业走廊南部为长江生态保护区，提供生态支持；北部为扬州市区。

二、现实困境

目前，扬州 G328 产业走廊主要存在着以下几个方面的现实困境：

第一，走廊内科创资源存在壁垒化限制，要素整合难度较大。一是由于历史发展等原因，各行政区都围绕自身的产业发展积极招引和布局科创资源和平台，形成了“麻雀虽小，五脏俱全”的科创资源载体点状分布现状。二是受区域间行政壁垒、地方保护、市场主体间知识产权等因素制约，企业之间存在合作壁垒、产业链条中存在供求壁垒、板块之间存在行政壁垒，创新资源要素的流通仍存在一定的壁垒，大部分科技创新资源处于“孤岛”状态。

第二，走廊内产业发展存在同质化困境，错位发展并不明显。从产业结

构来看，各行政区内产业体系存在着较高的重合度，且彼此间并不存在明显的产业结构梯度。在扬州市“十四五”战略性新兴产业发展规划中，将汽车及零部件产业列入重点产业的园区有仪征经开区、维扬经开区、江都高新区；将高端装备列入重点产业的园区有扬州高新区、广陵经开区、杭集高新区、江都高新区、江都经开区；将数字经济列入重点产业的园区有仪征经开区、扬州经开区、广陵经开区、杭集高新区。以上各园区都有 3 个以上重点发展产业，缺少优势明显的主导产业。园区之间同质化现象严重。从产业发展质态来看，部分产业（例如光伏新能源行业）已经进入竞争饱和期；新光源、新材料、高端装备等产业规模偏小；生物医药和航空等产业尚处于培育初期（见表 5-4）。

表 5-4　“十四五”时期扬州市各县市区战略性新兴产业布局

序号	县（市、区）	重点产业	重要园区载体
1	邗江区	高端装备、智能及新能源汽车、数字经济、生物医药等	扬州高新区、维扬经开区、扬州（邗江）汽车产业园、邗江互联网产业园等
2	广陵区	高端装备、数字经济、生物医药等	广陵经济技术开发区等
3	江都区	高端装备、智能及新能源汽车、新材料等	江都高新区、江都经济开发区等
4	高邮市	智慧照明、光储充、新一代信息技术、智能制造等	高邮高新区、高邮开发区、城南新区等
5	宝应县	新型电力装备（智能电网）、电子信息等	宝应软件信息产业园等
6	仪征市	智能及新能源汽车、数字经济、临江重工、新材料等	仪征大数据产业园、扬州化学工业园区、仪征汽车工业园等
7	扬州经济技术开发区	新能源、新光电、高档轻工、智能制造、汽车零部件等	绿色光电产业园、汽车零部件产业园、智能制造产业园、高档轻工产业园、新能源产业园
8	扬州生态科技新城	航空、数字经济、医美日化等	航空谷、杭集高新区、扬州软件园、杭盛科技园

资料来源：《扬州市“十四五”战略性新兴产业发展规划》。

第三，走廊内科创平台存在低端化问题，平台能级相对较低。走廊沿线战略性新兴产业涉及航空、生物医药、新一代信息技术等多个领域，但细数各地的公共研发平台，虽然也有国字号、省一级等平台，但真正有知名度、有竞争力、有孵化成果的特色科创平台并不多。特别是与苏州生物医药与新材料、无锡物联网、常州石墨烯等领域相比，地标级、辨识度极高的平台还很缺乏，对新兴产业的引领能力并不突出。《中国城市科技创新发展报告2021》显示，扬州科技创新总指数在全省排名第 7（见表 5-5）。显然，占全市 75%以上科创资源的走廊区域，作为扬州未来科技创新的主阵地和基本盘，今后发展仍存在较大的提升空间。

表 5-5　江苏省主要城市科技创新总指数及一级指标省内排名

城市	总排名		创新资源		创新环境		创新服务		创新绩效	
	2021 年	2020 年	2021 年	2020 年	2021 年	2020 年	2021 年	2020 年	2021 年	2020 年
南京	1	1	1	1	1	1	1	2	1	1
苏州	2	2	2	2	2	2	2	1	2	4
无锡	3	3	4	3	3	3	3	3	3	2
常州	4	4	3	4	4	4	4	4	4	3
镇江	6	5	5	5	7	7	7	7	7	7
南通	5	6	8	6	6	6	5	5	6	8
扬州	7	7	6	7	5	5	8	8	5	9
徐州	8	8	9	10	8	8	6	6	8	13
盐城	9	10	11	11	9	9	9	9	9	6
泰州	10	10	10	9	13	12	10	10	10	11
连云港	11	11	7	8	11	11	11	11	12	5
淮安	12	12	12	12	10	10	13	13	11	12
宿迁	13	13	13	13	12	13	12	12	13	10

资料来源：《中国城市科技创新发展报告 2021》。

第四，“南京-扬州”的科技扩散机制没有形成。南京的科技资源禀赋

相当强，2021 年完成科技发明专利 21 584 项，在江苏所有地级市中排第一，领先第二名的苏州 1/3。而同期扬州仅仅完成科技发明专利 1 952 项，是南京市的 1/10 不到（见表 5-5）。G328 产业带自发从扬州延伸至南京，南京和扬州两市间并没有建成一套高效扩散机制，无法实现南京方向的科创资源向扬州高效扩散。扬州 G328 产业带上甚至都没有一个标志性的产业核心区。对于创新经济区而言，也没有一个创新标志物或者创新标志地，更没有专门整合出一套扬州普适的创新制度，没有统一的组织管理以吸引来自全国各地的相关专业人才和促进科技成果流动。

以上现实困境对扬州的产业创新城市战略形成了一定的掣肘。

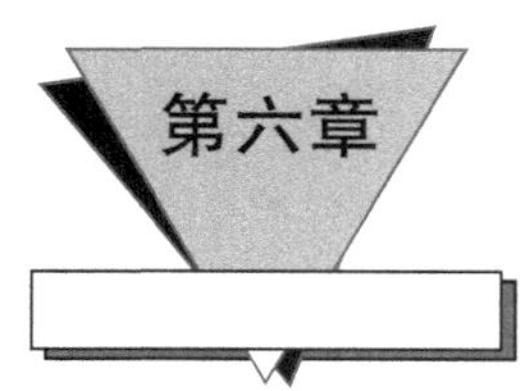

都市圈与 G328 产业创新走廊的协同发展

任何对接都市圈核心的产业创新走廊都必须起到承上启下、沟通大都市和卫星城市的作用。在这种承上启下沟通过程中，需要发挥足够的内外协同作用。本章重点通过 G328 产业创新走廊来研究这些协同作用。

第一节　发展战略定位协同

一、南京市的发展战略定位

根据 2016 年国务院对南京市总体规划的批复：南京是江苏省省会，东部地区重要的中心城市，国家历史文化名城，全国重要的科研教育基地和综合交通枢纽。在《南京市总体规划 2020》确定的南京市 6 582 平方千米城市规划区范围内，实行城乡统一规划管理。根据南京市域内不同地区的条件，重点发展基础条件好、发展潜力大的区域和城镇，优化村镇布局，在保持乡村风貌特色的基础上逐步改善村民生产生活条件。推动南京市城镇基础设施、公共服务设施向乡村延伸，逐步推进城乡基本公共服务均等化。深化南京与上海、杭州等长三角中心城市的协调发展，统筹推进南京与周边城市重大基础设施互联互通、共建共享。

要逐步把南京市建设成为经济繁荣、和谐宜居、生态良好、富有活力、特色鲜明的现代化城市。

而在南京都市圈的建设规划里，对于南京市的战略定位则是四个“城市”即“打造一带一路节点城市、长江经济带门户城市、长三角区域中心城市、具有国际影响力的国家创新型城市”。南京市对应的发展目标则为：全球创新城市，国家中心城市，国际消费中心城市，重要的金融中心、物流中心、商务中心、数据中心。

二、扬州市的发展战略定位

扬州是一座“能文能武”“能慢能快”“能近能远”的城市。

所谓“能文能武”，是指 2500 多年的历史为扬州留下了极其丰富的文化资源，扬州是国家首批历史文化名城；同时，扬州的产业基础既有特色又成

规模，作为国家双创示范城市，正致力于打造先进制造业和科创产业集聚高地。所谓“能慢能快”，是指扬州环境生态宜居，适合休闲度假养生；同时，扬州创新创业氛围好、自然条件佳，适宜年轻人前来快节奏创新创业就业。所谓“能近能远”，是指扬州完全融入了宁镇扬都市圈、融入了长三角；同时，扬州又有大片湿地和森林、大量公园，可以让人远离喧嚣，安心生活、创新创业。

在逐渐的探索过程中，扬州形成了“三城三都”的战略定位。所谓“三城”是指三个名城，即要把扬州打造成产业科创名城、文化旅游名城、生态宜居名城；而“三都”则是要把扬州建设定位成世界美食之都、世界运河之都、东亚文化之都。“三城三都”的战略定位对于推动扬州的高质量发展，具有十分重要的战略意义。

三、G328 产业创新走廊在都市圈中的协同意义

从南京和扬州各自对于自身城市发展的战略定位，能明显地看到它们存在着一定的错位，而正是这种错位的存在，给南京都市圈的外部卫星城市扬州市提供了协同发展的错位空间。

鉴于当前 G328 产业创新走廊的产业集群效应不显著，产业能级不高，产学研一体化发展不足，各方对接协调不通畅，缺乏良好的创新生态体系，G328 产业创新走廊怎么建设，建成什么样子是战略定位建设必须回答的基础内容。

围绕高质量、现代化、强竞争的目标导向，开展 G328 产业创新走廊的内涵以及战略定位。

扬州要立足都市圈最紧密的副中心，要具有未来眼光，要建立现代化标准，充分用好南京镇江优势资源和南京都市圈的支撑机制，加快功能塑造，创新发展模式，着力打造“一核、两带、两毗邻区、八园、多点”的 G328 产业创新走廊，使之成为国内具有广泛影响力的创新走廊，最终起到把扬州和南京融成一个国际性大都市。

这里，“一核”，即科创核心区，规划中未来的 G328 产业创新城。“两带”，即高新产业集聚带和协同创新示范带。

高新产业集聚带是聚焦集成电路、航空航天、人工智能、新材料、新能源等重点领域，汇聚技术水平高、投入强度大、产业链条长、带动能力强的企业和项目。

协同创新示范带是加强与南京、镇江等创新力源头城市的对接联动，加快高校科研院所在示范带内的空间聚合、资源整合、设施汇合、文化融合，努力打造江苏省区域创新体系副中心和南京都市圈科创中心的副中心，进一步成为长三角区域创新的新引擎。

“两带”通过八大省级园区以及众多专业产业园、科创载体等多点支撑形成。

“两毗连区”指在仪征市和邗江区分别针对紫东科创城以及镇江大学城两个毗邻区。仪征毗邻区可以放在枣林湾西侧，与南京紫东新区通过长江四桥紧密相连，直接接受南京紫东科创城的科技扩散。邗江毗邻区则可以放在瓜州，和镇江之间通过润扬大桥相连接，吸引来自镇江的科技扩散。

“八园”指当前存在于 G328 产业带上的 8 个主要工业园区。“多点”指遍布于 G328 产业带两侧的近百个科技综合体、小型园区等科技创新点。

以数字科技创新为关键动力，超前谋划一批数字领域成长性高、引领性强的大平台、大项目、大产业、大集群，掌握一批具有国际竞争力的关键核心技术。深化“城市大脑”应用，加快推动数字城市建设，建成全方位数字信息示范区，协同对接南京数字信息产业，协助南京都市圈数字信息产业扩散。

率先探索建立南京都市圈中跨区域科技创新管理制度和科技合作机制，建立开放性经济新体制，优化市场导向的创新资源配置机制，促进南京都市圈技术、人才、资金的自由流动，打造具有扬州特色的科技创新和制度创新双轮驱动、产业和城市集群、一体化发展的先行先试走廊，进一步发挥出长三角区域协同创新目标下的南京都市圈东部桥头堡平台功效。

围绕数字经济和生命健康等重点领域，以大平台、大产业、大项目、大企业为依托，推动产业链和创新链的深度融合，加大先进技术成果的引进吸纳和转化力度，依靠扬州“323+1”的特色产业体系，形成以创新为主要支撑和引领的科创体系、产业体系和发展模式，打造长三角科创产业新基地、新落地载体。

扬州要学习深圳、合肥、成都、重庆、上海、杭州等地的先进经验和做法，在扬州 G328 科创示范区内加快体制机制改革创新。优化创新驱动发展机制，在新型创新载体建设、协同创新工作机制、创新主体培育和创新激活、科技金融改革、科技成果转化，以及人才、知识产权等方面全面深化改革，营造开放、包容、公平的创新创业环境，最大力度解放思想、突破传统禁锢，力争把 G328 产业创新走廊打造成为全国科创走廊建设先行区。

第二节　G328 产业创新走廊的协同发展思路

南京与扬州的城际差异化事实以及都市圈化的一体化发展，必然带来城际协同发展问题。城际协同发展的核心是产业协同，产业协同的核心又是第二产业。对于扬州来说，第二产业协同的关键又在于 G328 产业创新走廊的协同发展问题。

G328 产业创新走廊的协同发展总体思路为产业依托、科技引导、结合交通、突出优势、以点带面、项目推进。

具体到 G328 产业创新走廊沿线的产业带来看，又有下列具体的协同发展思路。

一、G328 产业创新走廊之仪征协同

（一）仪征的基本情况①

仪征隶属江苏省扬州市，历史悠久，早在上古时代人类就在这块土地上生息繁衍。汉武帝元封五年（公元前 106 年）始置县，1986 年 7 月，经国务院批准，撤销仪征县，设立仪征市。

仪征位于江苏省中西部 119°02′~119°22′，北纬 32°14′~32°36′之间，地处长江三角洲的顶端，是宁、镇、扬“银三角”地区的几何中心，西接南京，东连扬州，南濒长江，与镇江隔江相望，北部与安徽省天长市接壤。长

① 数据来自仪征市_百度百科 https：//baike. baidu. com/item/%E4%BB%AA%E5%BE%81%E5%B8%82/5118164？fr=ge_ala.

江岸线 27 千米，直顺稳定、深泓临岸，是理想的建港岸线，长江、运河、宁通高速、沪陕高速和沿江高等级公路，组成了四通八达的水陆交通网，随着宁启铁路复线的建成和扬州泰州机场的通航，仪征与北京、上海、广州等大中城市的距离近在咫尺。

2023 年底，仪征市工业总产值为 1 050 亿元，2023 年末全市常住人口 56. 47 万人。

（二）仪征的产业发展协同

目前，仪征市的第二产业主要集中在四大产业上。一是汽车电子及精密配件产业；二是高端新材料、集聚高性能合成材料、高端专用化学品、高效新能源产业；三是大数据及智能制造产业；四是文旅文创产业。仪征市计划用 3~5 年时间，把汽车和高端新材料产业分别培育成两大千亿产业，把大数据和文旅文创打造成当地有影响的产业标志。康养产业是仪征市的未来产业。

仪征能够基于 G328 产业创新走廊进行协同的产业，主要有汽车及零部件产业、康养产业和大数据产业。

协同重点区域为紧靠 G328 的北沿线的仪征汽车产业园产业和载体，G328 南沿线仪征经济开发区，拥有宁扬轨道交通站点、1. 7 平方千米左右的工业用地等产业配套和承接载体。

南京-仪征产业发展协同模式具体如下：

汽车产业上，在现有大众汽车产业链的基础上，协同南京的市场优势、资源优势，密切协同江北汽车产业园（甚至江宁智慧汽车产业园、汽车工业园）的产销，积极拓展比亚迪等新能源车的产业链生产基地，积极打造南京都市圈下的宁扬汽车生产中心。

在康养产业上，协同好大量需求的南京高端老龄人口，仪征优越的康养环境、便捷的交通之间的关系，把仪征打造成南京在溧水之外最大的康养产业基地；同时积极协同栖霞区的南京康养产业基地、雨花区的南京国际康养产业园、江宁的汤山康养小镇之间的业务。仪征要建设居住休闲、医疗器械、生物医药、科普展示等多功能发展的康养产业体系，打造高端医疗器械制造及高端医疗服务集群，成为集策划、招商、建设、运营于一体的智慧康养产业基地，实现“南京创业、仪征康养”，还要推动与扬州市职业大学、扬州大学、南京中医药大学等高校的康养教育院校的高质量协同发展。

在大数据产业上，要发挥仪征大数据产业园对江宁南京大数据产业基地、孝陵卫的南京市空间大数据产业基地、浦口大数据产业园、江北大数据产业园等的保障承接作用，并在此基础上引导成立扬州市未来产业基地（未来产业园）。

二、G328产业创新走廊之邗江协同

（一）邗江的基本情况

邗江区是江苏省扬州市下辖区，位于江苏省中部，长江三角洲腹部，长江与淮河交汇处，东依上海，西连南京，南临长江，北接淮水，中贯京杭大运河，是国家历史文化名城扬州的重要组成部分。邗江区南临长江，与镇江市隔江相望，东北是邵伯湖，北面是高邮湖，京杭大运河中贯南北，西接仪征市。邗江区境内拥有长江岸线26.8千米，可供开发的10米以下深水岸线近20千米，适宜开发利用的长江滩涂20平方千米，拥有近50千米的沿湖生态岸线①。

邗江因春秋吴王夫差筑邗城、开邗沟而得名，距今已有2 490多年历史。2001年撤县设区，隶属扬州市，现辖10个镇、8个街道办事处，总面积536平方千米。截至2023年末，邗江区常住总人口近67万人，GDP为1 220亿元（含经开区，蜀冈瘦西湖风景区2 058.90亿元，遥遥领先于其他区县）。

（二）邗江的产业发展协同

经过多年的发展和积累，邗江区已经形成了三大主导、三大特色和一个未来的“331”产业体系。其中三大主导产业为机械装备、汽车及零部件和生物健康产业，三大特色产业为纺织服装、节能环保、新型建材产业。微电子产业为未来重点发展产业。

邗江区能够基于G328产业创新走廊进行协同的产业，主要有集成电路、

① 数据来自邗江区_百度百科 https://baike.baidu.com/item/%E9%82%97%E6%B1%9F%E5%8C%BA/5100638?fr=ge_ala.

高端装备（数控机床）和生物医药产业。

协同重点区域为紧靠 G328 的扬州市经开区、扬州高新区高端装备产业园、生物健康产业园等载体。

南京-刊江产业发展协同模式具体如下：

集成电路产业是南京市的一张国家级名片，是未来南京竞争力的体现。南京发展集成电路产业具有得天独厚的技术条件、科技条件、人才条件等，目前形成了以南京大学、东南大学、南京航空航天大学、南智光电、南京通信集成电路研究院、28 所等驻宁高校院所为大脑，江北新区为“一核”的南京市集成电路产业主要集中地区，在江北新区集聚了台积电、清华紫光、华天软件等相关企业 400 多家，涵盖产业全部环节，同时南京经开区、江宁开发区为“两翼”的集成电路产业发展格局。扬州的集成电路产业也已经形成了以晶澳电子、扬杰科技、晶新微电子、嘉睿集成电路设计、国宇电子、中芯晶来半导体、扬州中科半导体等为中坚的一大批国内知名企业。如何让扬州的集成电路产业融入南京集成电路产业的国家名片，形成资源共享、市场共享，成为南京集成电路产业重要的“一尾”，对扬州的集成电路产业发展至关重要。

在高端智能装备制造业上，邗江要发挥出扬力集团、金方圆集团、扬锻集团、江苏丰尚（牧羊）集团等在全国的行业标准制定者优势，整合协同仪征隔壁六合区的南京数控机床（科技）产业园的相关资源，进一步整合产业上下游龙头企业、驻宁高校院所的研发创新资源，加快推进在 G328 沿线的成果转化和产业能力。

在生物医药产业上，扬州目前的生物医药产业基础牢固，有联环药业、扬州联博药业、联澳生物医药、天和药业、中宝制药、兆康制药、奥赛康药业等一批大型医药企业，但整体科技先进性不够，上市公司仅有联环药业一家，医药产业园整体水平也不够，目前还仅仅是百亿产业。G328 的另一端江北新区的生物医药产业是南京市的地标性产业，江北的南京生物医药谷目前已经是千亿级别的产业链。南京生物医药谷成立于 2011 年，是南京市委、市政府在产业布局上明确重点打造的南京生物医药产业基地和高端生物医药研发区，也是国家级江北新区“两城一中心”发展蓝图中“基因之城”建设的核心承载区，累计引进各类高层次人才300余人，其中院士就有10人。南京生物医药谷总规划面积14.92平方千米，其中研发区占地面积为8.1平方千米，产业区占地面积为6.82平方千米。2021年底，南京生物医药谷已入驻企业900余家，形成了以研发创新为主的产业结构，聚集了先声东元、绿叶制药、健友生化、药石科技、世和基因等一批龙头创新企业，其中规模以上企业86家；2021年营收超百亿的1家，十亿元企业7家，超亿元企业40多家；自主培育上市挂牌公司8家，拥有国家重大新药创制、重大科技成果转移试点示范基地，重点发展基因产业、免疫细胞治疗、CAR-T细胞治疗、生物制药、医药研发、医疗器械等领域。扬州生物医药产业如能依托南京江北新区新医药与新健康产业的“研创经济”技术研发优势和新技术的应用场景，学习南京市的生物医药产业创新转化中心的做法，通过行业性生物医药产业链创新与转化联盟发起，南京市科技局下面新医药与生命健康产业链工作专班和开发区政府共同推动成立相关行业组织、研发机构等，协同中国药科大学、南京中医药大学等医药研发高校与联环药业等龙头企业的技术合作，一定能推动扬州生物健康产业高质量发展。

2021年，南京市医药产业企业单位营业收入前列的分别为南京医药股份有限公司、江苏先声药业有限公司、江苏省医药有限公司、江苏奥赛康药业股份有限公司、国药控股江苏有限公司、南京正大天晴制药有限公司、南京药业股份有限公司、南京绿叶制药有限公司等。

三、G328产业创新走廊之广陵协同

（一）广陵的基本情况[①]

广陵，古城扬州的先名，历史上的扬州。广陵区是扬州的中心城区。旧时位于广陵区域的扬州古城中心，占地仅5平方千米，是国内历史风貌保存比较完好的古城之一，体现扬州古代文明的核心区域。

目前的广陵区是扬州市的中心主城区。广陵地处江苏省中部，长江与京杭大运河交汇处，东经119°26′、北纬32°24′。目前的广陵区辖东关、汶河、

① 数据来自广陵区_百度百科 https://baike.baidu.com/item/%E5%B9%BF%E9%99%B5%E5%8C%BA?fromModule=lemma_search-box.

文峰、曲江等 4 个街道，湾头、泰安、沙头、头桥、李典、杭集等 6 个镇，以及 1 个汤汪乡，共计 54 个社区和 83 个村。截至 2023 年末，广陵区常住人口约为 61 万多人，全区 GDP 为 852 亿元。

（二）广陵的产业发展协同

经过多年的发展和积累，广陵区已经形成了以高端装备产业集群、新一代信息技术产业集群、新能源产业集群、生命健康产业集群、生产性服务业集群为代表的五大产业集群。其中，高端装备产业集群由数控装备、高技术船舶与海工装备、金属新材料、汽车及零部件、航空 5 个产业构成，新一代信息技术产业集群由人工智能、软件和信息服务 2 个产业构成，新能源产业集群由氢能、储能 2 个产业构成，生命健康产业集群由新型医疗器械、新型食品 2 个产业构成，生产性服务业由金融服务、全产业链工业设计 2 个产业构成。

邗江区能够基于 G328 产业创新走廊进行协同的产业，主要有文旅产业、信息（软件）产业、航空产业。

重点区域为市区文旅景区、省级杭集高新区、广陵经济开发区。

南京-广陵产业发展协同模式具体如下：

文旅产业上，南京是文旅大市，每天接待着数万世界以及全国各地的游客，南京自身每年也有着数以百万计的文旅需求，而扬州的文旅资源相当丰富，有专门的景区以及杭集旅游用品产业园、江都文旅产业园等。当前，扬州对南京文旅产业来说是一个很好的补充，扬州要借助 G328 与高铁、高速叠加，城际的半小时交通圈的交通辐射作用，积极对接南京的文旅产业和文旅部门，积极引入创新科技、融媒体、研发办公、金融服务、互联网+、文化创意等优质现代服务业企业，形成苏中地区有新媒体特色的文化创意产业集聚区，面向南京提供高端文化旅游服务。

信息产业上，广陵区的江苏信息服务产业基地（扬州）于 2007 年 4 月挂牌成立，由原江苏省信息产业厅与扬州市人民政府联合共建，规划总面积 2.52 平方千米，是中国最早专注以呼叫中心为核心产业的专业园区，致力于数据处理、电子商务、软件研发等产业集聚。2021 年已形成 250 亿元工业总产值、5 万人的产业规模，入驻企业近 200 家，本科人才拥有率达 95%，硕士以上高层次人才集聚200多人，其中海归博士50多名，已打造“中国呼叫中心产业能力建设管理规范示范园区”“国家级科技企业孵化器”“软件和信息服务产业园优秀园区”“省级博士后创新实践基地”等国家级、省级品牌17个。主要企业有来自中国台湾以及日本韩国的电子信息企业近百家，知名的有晶新微电子、川奇光电、华督电子、广德电子和华夏光电等。南京的信息产业则发达得多，光这方面的园区就有南京电子信息产业园、中国通信服务信息产业园、兰德地理信息产业园、南京北斗信息产业园、南京智慧产业园、南京数字数据创意产业园等，在南京大学、南京信息工程大学、河海大学等众多高校大脑的科技支撑下细分化发展，其对口扶持的产业孵化基金为江苏信息产业基金，园区指导商会为江苏邦宁产业引领下的南京市软件商会、南京市青年企业家联合会等资源，专家团队为南京软件商会、南京市青年企业家联合会等第三方团队优秀创业导师联合会。

在航空产业方面，南京的航空航天产业基础厚实，G328的另一端孝陵卫伫立着全国知名的南京航空大学，此外，南京的航空产业还拥有金城集团、宏光集团、世界500强之霍尼韦尔、航天晨光等知名企业，南航无人机研究院、中电14所、中电28所等国内专业航空航天研究型院所。广陵区务必依托省级杭集高新区、广陵经济开发区、扬州软件园、扬州国际创新设计区、扬州航空谷、中航航空研究生院等平台载体，推动中国航空工业旗下的重点企业和项目继续落户发展，为航空产业科技研发、高端人才培养及其配套产业提供就近转化空间，通过G328与秦淮硅巷大学科技园、溧水航空产业园等进一步产业协同，提升广陵区航空产业集聚度，同步支持航空配套民营企业，重点发展智能装备、电子信息等关联产业，打造一条以研发-探索-创新为核心、上下游产研一体的完整航空产业链。

四、G328产业创新走廊之江都协同

（一）江都的基本情况[①]

江都区位于江苏省扬州市东部，南濒长江，东连泰州市高港区、海陵

---

① 数据来自江都区_百度百科 https://baike.baidu.com/item/%E6%B1%9F%E9%83%BD%E5%8C%BA?fromModule=lemma_search-box.

区、姜堰区，西傍扬州市广陵区，北接高邮市、兴化市。境内地势平坦，河湖交织，道路四通八达。地面真高1.6~9.9米，倾斜坡度小于6度，南北最长处55.75千米，东西最宽处42.76千米，总面积1 332.54平方千米（其中陆地面积占85.8%，水域面积占14.2%）。

江都古称龙川，因“江淮之水都汇于此”得名。西汉景帝前元四年（前153年）建江都县；1994年7月，撤江都县，建江都市；2011年11月，撤销县级江都市，设立扬州市江都区。江都区境内文化古迹众多，有商周文化遗址纣臣墩、汉代的古墓群、晋代谢安手植的甘棠树、唐代遗构开元寺、真武庙等。

江都区下设仙女镇、小纪镇、武坚镇、樊川镇、真武镇、宜陵镇、丁沟镇、郭村镇、邵伯镇、丁伙镇、大桥镇、吴桥镇、浦头镇13个镇，65个居民委员会，263个村民委员会。2023年末，全区常住人口有近93万人，常住人口城镇化率62.3%。江都区户籍人口为100.5万人，2023年全区GDP为1 312亿元。

（二）江都的产业发展协同

经过多年的发展，江都已经形成了较为完备的工业门类和产业体系，形成了特钢船舶、高端装备、汽车及零部件、生物医药和新型医疗器械“四大主导产业”，以及以新能源、新材料、电子信息、航空为代表的“四大新兴产业”，创新创业环境日益完善。

江都区能够基于G328产业创新走廊进行协同的产业，主要有机器人、新能源汽车（客车）。

G328沿线江都区的重点协调区域为江都经济开发区。

南京–江都产业发展协同模式具体如下：

机器人产业上，江都开发区四新园区成功引入了新松机器人、广智微芯、中科蓝海、稻源微电子等机器人方面的公司，打造了博智机器人智能制造生产基地，实现机器人产业的弯道超车，2021年实现百亿元产值。与此同时，南京的机器人产业要庞大得多，2021年南京有近100家机器人研发生产企业，主要集中在南京江宁开发区、南京开发区、南京麒麟高新区机器人产业园、南京江北新区智能制造产业园等区域和板块，其中前35名机器人

企业完成产值405亿元。最著名的工业机器人上市公司为埃斯顿、熊猫电子和康尼机电，地平线公司AI芯片、南大电子智能服务机器人等在行业内实力雄厚，亿佳和在电站巡检机器人技术领域处于国内优先地位，仓储机器人企业牧星机器人（江苏）、轨道交通领域的智能打孔机器人景耀智能的市场前景都相当广阔。

在新能源汽车产业发展上，近年来，南京市依托自身优秀的汽车产业基础以及完善的新能源汽车产业链，大力发展新能源汽车产业。目前，南京已打造了4个新能源汽车产业基地，分别位于南京江北新区、江宁区、溧水区、南京经济开发区。其中，江北新区（含浦口区）建设全市新能源动力电池材料产业基地和全市智能网联研发中心；江宁区争创国家级新能源汽车创新中心和国家智能网联汽车创新中心，高标准建设新能源汽车文化小镇；溧水区建设国家级智能网联汽车测试基地；南京经济开发区布局智能网联汽车系统产业。截至2020年底，南京聚集了2 050家新能源汽车相关企业，占全国新能源汽车企业数量的1.22%，销售额为850亿元。从重点企业来看，江北新区主要有博郡新能源、名爵汽车、依维柯汽车、越博新能源汽车等，江宁区整车制造企业数据相对较多，主要包括上海大众、长安马自达等；南京经济开发区主要聚集了智能网联汽车系统、新能源动力电池等产业链上的关键环节企业，如乐金化学、龙蟠科技、白云电器、捷锐科技等，而著名的比亚迪、南京长安、南京大金龙的生产基地主要在溧水。江都的新能源汽车产业已形成以江淮汽车、九龙汽车、安凯客车、女神客车等整车制造企业为龙头，以五环龙电动车、振世达新能源等新能源汽车制造企业为亮点，以日清纺大陆、嵘泰工业、金世纪车轮等众多零部件企业相配套的产业体系。江都的新能源汽车总体规模不大，目前还没有一家独角兽企业，而南京新能源车独角兽企业已经有四家，并且南京有专门的新能源汽车产业孵化基金，值得江都开展产业协同。

第三节　南京、扬州基于 G328 产业创新走廊的协同发展

南京和扬州两市就 G328 产业创新走廊规划协同发展必须是多个层面的，不仅有政府层面，还有产业层面以及要素层面的协同。

一、政府层面

就政府层面而言，开展 G328 产业创新走廊的协同发展，需要完善两个城市之间的利益分配制度，建立产业协同发展长效机制。

要明确南京和扬州两个城市政府各自的任务分工定位，在重大产业和项目布局过程中，结合宁镇扬三地自身优势进行统筹安排，共同推动区域内优势集中支持产业创新发展。一方面，可以在宁镇扬三市交界比邻地带建立共同开发园区；另一方面，可以在区域性重大交通基础的交汇点附近区域（仪征经济开发区、扬州高新区、广陵经济开发区）设立产业协同发展试验区，对产业和项目跨市转移布局的财税分配、扶持政策、增加值统计等工作设计创新制度，切实提高跨区域产业协作的稳定性和长效性等方面进行探索。

二、产业层面

就产业层面而言，规划 G328 产业创新走廊的协同发展，需要两市以先进制造业集群为载体，共同打造竞争新优势。

（一）扬州 G328 沿线主要产业集群

产业同质化发展在客观上会推动企业在核心技术和服务意识等方面的提升。加强宁镇扬三市规划对接，重点在新一代信息技术、生物医药、高端装备、新能源汽车等优势领域，加强组织模式创新，打造一批先进制造业集群。南京、扬州、镇江三市共同合作编制“宁镇扬产业地图”，找到产业发展的短板，通过宁扬、宁镇轨道交通建设，利用现有的长江四桥、润扬大桥、五峰山大桥等重大过江通道，形成 G312、G328 产业创新走廊（产业创新带）闭环协同发展，加强产业关键共性技术突破，利用长三角大市场优势和沿沪宁产业创新带建设，联合推动创新成果的产业化。

现代产业体系是高质量发展的重要支撑。2023 年 9 月，扬州市推出《加快建设制造强市行动方案》，确立了新一轮 G328 产业创新走廊重点发展的“613”产业体系。这个产业体系聚焦 6 大主导产业集群和 13 条新兴产业链，明确了要巩固提升高端装备、汽车及零部件、新能源等 6 大主导产业集群，攻坚突破航空、储能等 13 条新兴产业链。

扬州市统计局、扬州市发改委数据显示，2023 年，扬州新开工制造业重点项目 177 项，其中 10 亿元以上项目 43 项，新竣工 205 项，新签约亿元以上先进制造业项目 488 项，再创历史新高；全市新增创新型中小企业 811 家、市专精特新中小企业 308 家、国家专精特新小巨人 26 家。

扬州市确认，推进“613”产业体系高质量发展，是建设产业科创名城的重中之重，是扬州高质量发展的关键所在。2023 年，扬州市“613”产业集群实现开票销售 7 900 亿元，占全部工业总量的 75%；先进制造业集群对规模以上工业企业总产值的贡献率达 78%；高新技术产业产值占规模以上工业企业的比重达 49. 1%；工业战略性新兴产业产值占规模以上工业企业的比重达 39. 3%，拥有战略性新兴产业入库企业近 1 800 家；省级以上园区规模以上工业企业开票销售占全市规模以上工业企业开票销售比重达 84. 9%。

目前扬州市围绕着 G328 布局的产业集群如表 6-1 所示。

表 6-1　扬州 G328 产业带的先进制造产业集群及分布

序号	G328 产业集群	优势产业链	主要布局园区
1	汽车及零部件	汽车及零部件*	仪征开发区、维扬开发区、广陵经济开发区
2	高端装备*	数控成型机床	市高新区、江都高新区
3		专用机械设备	市高新区、广陵开发区
4		人工智能（工业机器人）	杭集高新区
5	新型电力装备	太阳能光伏*	市开发区、广陵开发区
6	软件和集成电路	软件信息和大数据*	仪征开发区、市开发区、市高新区、广陵新城
7		集成电路*	维扬开发区
8		新光源及新型显示	市开发区

续表

序号	G328 产业集群	优势产业链	主要布局园区
9	生物医药及新型医疗器械	生物医药*	市高新区
10		新型医疗器械*	广陵开发区
11	海工装备和高技术船舶	海工装备和船舶*	江都、广陵、仪征沿江区域
12	高端纺织服装	高端纺织服装*	邗江区开发区
13	食品	食品*	食品工业园
14	航空	航空*	杭集高新区、广陵开发区
15	其他	化工新材料*	仪征开发区
16		特钢材料	江都开发区
17		高端日化	杭集高新区
18		节能环保	市高新区

资料来源：扬州市发改委。

注：加＊号为扬州市领导挂钩重点产业。

（二）扬州 G328 沿线重点发展的产业所属园区现状

2021 年，扬州市委、市政府召开全市推进开发园区“二次创业”高质量发展大会，出台《关于推进全市开发园区“二次创业”高质量发展的意见》。根据《意见》要求，2021 年 12 月，扬州市工业和信息化局（以下简称“工信局”）发布了《加快推进园区产业转型升级创新发展的实施细则》，其中要求每个园区突出重点，打造和升级特色主导产业。

扬州市工信局初步认定各园区重点发展的特色主导产业如下：

扬州开发区重点发展绿色光电、新一代信息技术产业。

扬州高新区重点发展高端装备、生物健康产业。

仪征经开区重点发展汽车及零部件、大数据产业、高端新材料产业。

江都经开区重点发展高端装备、新材料、新型建材产业。

广陵经开区重点发展高端装备、新能源产业。

维扬经开区重点发展微电子产业。

杭集高新区重点发展高端日化、高端装备产业。

（三）G328 沿线扬州主导产业和南京相关产业协同选择

根据 G328 西端南京以及 G328 南侧镇江的产业分布特点，结合南京产业图谱、扬州市 G328 产业创新走廊协同发展的思路，对 G328 产业创新协同发展如表 6-2 所示。

表 6-2　G328 沿线扬州主导产业和南京相关产业协同发展

序号	扬州产业	主导产业园	南京协同区	产业园
1	汽车及零部件	仪征汽车产业园、江都新能源客车产业园	江北、江宁、溧水、南京经开区	江北汽车产业园（甚至江宁智慧汽车产业园、汽车工业园）、江北新区（含浦口区）新能源动力电池材料产业基地、江宁区新能源汽车创新中心和国家智能网联汽车创新中心、溧水区智能网联汽车测试基地、南京经济开发区智能网联汽车系统产业园
2	健康养老	仪征康养产业带	溧水、栖霞、雨花	溧水（中医）康养产业园、栖霞康养产业基地、雨花区南京国际康养产业园、汤山康养小镇
3	大数据	仪征大数据产业园	江宁、栖霞、浦口、江北新区	江宁南京大数据产业基地、孝陵卫的南京市空间大数据产业基地、浦口大数据产业园、江北大数据产业园
4	集成电路	扬州经开区	江北新区、江宁、栖霞	江北大数据产业园、南京经开区、江宁开发区大数据园
5	高端装备（数控机床）	扬州高新区	六合、栖霞、江宁、浦口	南京数控机床（科技）产业园、熊猫电子装备产业园、求精高端装备产业园、南京智能移动装备产业园
6	生物医药	生物医药产业园	江北、雨花、浦口	南京医药谷、雨花区生物医药产业园、浦口南京生物医药科技工业园
7	文化旅游	景区、旅游用品产业园、文旅产业园	江宁、紫金、江北	南京无为文化创意产业园、世界之窗创意产业园、南京方山当代艺术创意产业园、南京晨光 1865 科技创意产业园、通济都市创意产业园、江苏建筑工程设计创意产业园、惠通创意产业园、180 创意产业园、创意产业园、南京都市科技创意产业园、江苏未来影视文化创意产业园、南京大学生文化创意产业园

续表

序号	扬州产业	主导产业园	南京协同区	产业园
8	信息软件	广陵信息产业园、江都四新（机器人）产业园	江北、仙林大学城、江宁大学城	南京电子信息产业园、中国通信服务信息产业园、兰德地理信息产业园、南京北斗信息产业园、南京智慧产业园、南京数字数据创意产业园、江宁开发区、南京开发区、南京麒麟高新区机器人产业园、南京江北新区智能制造产业园
9	航空	广陵	秦淮、溧水	秦淮硅巷大学科技园、溧水航空产业园

资料来源：根据南京市发改委、扬州市发改委数据整理。

由表 6-2 可知，扬州依托 G328 的相关产业和西端南京相关产业开展协调的方向，并进一步分析南京市相关产业的协同基础。

三、要素层面

就生产要素来说，一个城市发展所必需的生产要素包括人口以及人才、土地资源、矿物（含油气）资源、企业数量、资本、环境（大气、绿化）、水资源、电力资源、发达的交通网络等。充分挖掘要素特长，加快要素统一标准建设，推动形成互通互联互认的要素统一市场，并基于市场配置发挥要素禀赋进行规划协同。

目前，南京、扬州、镇江三市在用地标准、人才落户、企业资质等方面的标准仍不统一，部分要素的跨区域流动难度较大。要逐步统一市场的准入政策，逐步在产品质量、人才认定、信用体系等领域制定行程统一标准和管理要求，打通地区间数据接口，加强数据共享公用，提高资源流动效率。同时，合力谋划推动 5G、工业互联网等新型基础设施建设，推动在数据资源、企业资源等方面的共享。

第四节　扬州 G328 产业创新走廊的协同发展路径

根据表 6-2 可知扬州依托 G328 的主导产业和西端南京对应产业协调发展的方向，并进一步分析南京市对应产业的协同基础，提出基于 G328 产业创新走廊扬州协同发展的新路径。

一、汽车及零部件产业

（一）南京汽车及零部件产业概况

南京是全国重要的汽车产业基地之一。汽车产业作为南京市“四大支柱”产业之一，经过近 70 年发展，已逐步形成较为完整的产业体系和品牌优势。未来几年，南京汽车产业结构不断优化调整，会更加稳定地发挥支撑全市经济发展的“压舱石”作用。

目前，南京汽车产业链相关企业超过 500 家，其中整车制造企业 7 家，包括上汽大众、南汽集团、长安马自达、上汽大通等重点企业，整车产能近百万辆。

此外，南京还有汽车产业零部件企业 300 余家，包含生产、制造、销售、服务、配套、电池拆解、汽车尾气处理等全产业链环节。新能源汽车产业链零部件集聚电机、电控、电动助力转向、电动汽车空调及压缩机等关键节点重点企业。

2022 年，南京市汽车行业完成产值 1 536 亿元，占南京市总产值比重的 10%。

（二）南京汽车及零部件产业主要协同企业

南京汽车及零部件产业可协同的主要企业有：南京金龙新能源汽车研究院有限公司、布雷博（南京）汽车零部件有限公司、长安福特马自达发动机有限公司、法雷奥公司、法奥斯（南京）减震器制造有限公司、南京法雷奥传动系统、福特汽车工程研究（南京）有限公司、南京泉峰汽车精密技术股份有限公司、江苏大烨智能电气股份有限公司、南京银隆新能源有限公司、南京恒大领锐汽车有限公司、精博电子（南京）有限公司、海特集

团、南京海特汽车部件有限公司、南京市金龙客车制造有限公司、南京京滨化油器有限公司、南京利德东方橡塑科技有限公司、南京三创自动化有限公司、南京延锋安道拓座椅有限公司、南京英德利汽车有限公司、南京优仁有色金属技有限公司、南京汽车变速箱有限公司、上汽大众汽车有限公司南京分公司、江苏塔菲尔新能源科技股份有限公司、凯勒（南京）新材料科技有限公司、天臣新能源有限公司、南京宝钢住商金属制品有限公司、长安马自达汽车有限公司、南京越博动力系统股份有限公司、南京汽车集团有限公司、国电南瑞科技股份有限公司等。

（三）G328 产业创新走廊的扬州汽车及零部件产业协同发展

汽车及零部件产业是扬州“613”产业集群中的三个千亿级产业之一，已形成从整车到零部件配套、从生产到研发于一体的产业生态链。

当前，汽车产业正朝着电动化、智能化、网联化、轻量化方向加快转型，第十五届国际汽车轻量化大会在扬州举办，为扬州汽车及零部件产业发展注入了新的活力。扬州是长三角城市群重要节点城市，具有良好的营商环境，汽车产业基础坚实、质态优良。

二、人工智能产业

（一）南京人工智能产业概况

南京人工智能相关产品和服务已涵盖人工智能基础支撑层、技术产品层和应用示范层等领域，在人工智能软件、智能机器人、智能网联汽车等领域具备了一定优势。南京大学、东南大学、南京航空航天大学、南京理工大学、南京邮电大学、南京信息工程大学、河海大学等 7 所高校均成立了人工智能学院。全市已集聚人工智能研发及应用企业 400 多家，集聚了华为软件、甄视智能、硅基智能、南京地平线、出门问问、亿嘉和、埃斯顿等一批人工智能领域重点企业。2019 年出台《南京市打造人工智能产业地标行动计划》，全面支持产业发展。2021 年全市人工智能核心产业规模达到 135 亿元，增速超过 35%。

南京人工智能产业的发展重点是：

第一，基础层。加强人工智能基础软件和算法、人工智能传感器产业、

人工智能芯片研发制造。

第二，技术层。加强计算机视觉技术、智能语音与自然语言处理技术攻关，引进技术实力强的企业和机构搭建人工智能协同创新平台。

第三，应用层。扩大“人工智能+”，加快发展智能制造、智能金融、智能商务、智能物流、智能医疗、智能教育、智能家居、智慧安防、智慧建造等产业，以及社会治理智能化。

（二）南京人工智能产业主要协同企业

南京市人工智能产业可协同的主要企业有：南京睿悦信息技术有限公司、南京翼辉信息技术有限公司、南京地平线机器人技术有限公司、中智行科技有限公司、南京星环智能科技有限公司、南京讯飞智慧城市科技有限公司、神顶科技（南京）有限公司、中国人工智能学会会员服务中心（江苏）、江苏达科信息科技有限公司、江苏一电航空技术有限公司、图灵人工智能研究院（南京）有限公司等。

（三）基于G328产业创新走廊的扬州人工智能产业协同发展

扬州人工智能产业处于快速发展阶段，特别是面向应用场景的技术融合不断涌现。扬州大学信息工程学院、扬州市职业大学信息工程学院、中国科学院沈阳自动化所扬州工程技术研究中心、扬州市人工智能研究院、江苏省（扬州）数控机床研究院以及万方电子、瑞丰信息、罗思韦尔等高校院所和相关企业，较早地开展了人工智能应用研究，研究领域涵盖了技术层的计算机视觉与图像处理、人工智能数据平台，以及应用层的智能驾驶、智能制造与机器人、虚拟/增强现实（VR/AR）、智慧城市、智慧照明、智慧医疗和智慧商务，取得了丰硕的研究成果，并实现了产业化。目前，全市约有四十家企业开展人工智能相关业务，涉及智能机器人及相关硬件、智能传感器、人工智能平台、人工智能系统（应用）等领域，2020年全市人工智能相关业务收入20亿元左右。

近年来，扬州市突出智能制造的主攻方向，出台专项行动计划，全市以“技改券”建设智能车间、推广应用机器人、创建试点示范等为主要抓手，大力推进关键工序自动化改造、智能车间建设示范、工业互联网融合创新，智能制造工作取得了明显成效。工业机器人等智能装备累计保有量突破

5 000 台，海信容声、北方激光、双环活塞环等一批重点企业成功运行制造执行 MES 系统，实现“设备互联、数据互换、过程互动”。潍柴动力扬柴、中航宝胜电气、亚威机床等 3 家企业，完成国家智能制造新模式应用项目建设任务，顺利通过国家验收。目前已累计认定省级智能车间 61 家，省级智能工厂 3 家。

但也应看到，扬州市的人工智能产业还处于初级阶段，缺少有国内影响力的龙头骨干企业，高端产品少、领军人才缺乏、自主创新能力不足等问题凸现。

扬州市基于 G328 产业创新走廊的人工智能产业规划思路有以下几点。

1. 加快发展人工智能软件产业

扬州聚焦人工智能前沿基础技术和核心算法，推动机器学习、计算机视觉、模式识别、大数据智能、跨媒体感知计算、人机混合智能、自主协同与决策等人工智能基础理论研究创新。依托扬州大学信息工程学院，发挥其省级人工智能学会知识工程与智能服务专委会功能，联合省内高校院所开展人工智能学习算法等基础技术研究。

扬州支持开展面向人工智能的操作系统、数据库、中间件、开发工具等基础软件的研发，发展工业计算机、工业云、通用型嵌入式等工业操作系统。优先支持国产智能操作系统研发和产业化应用，鼓励开源软件平台和函数库开发，培育壮大面向人工智能应用的基础软件产业。研究开发图像识别、语音识别、机器翻译、自然语言交互、知识处理、控制决策等应用软件及智能系统解决方案，发展工业数据集成与标准化技术、数据治理技术，推动大数据网络传输技术、云计算网络关键技术在智能制造中运用。大力支持万方电子、瑞丰信息、汉云信息等加快基础和应用软件的研发。

2. 加快发展人工智能硬件产业

扬州的人工智能产业顺应传感器高灵敏度、高精度、高可靠性的发展趋势，重点突破视觉、触觉、位置、测距、图像感知、嵌入式算法等传感器关键核心技术，支持面向智能制造、高端智能消费的智能传感器研发和应用，大力发展新型生物、气体、液体、光学、超声波、信息等智能传感器。研究开发光敏、压电、红外辐射、金属氧化物、磁性等新型传感材料，支持基于

微机电系统（MEMS）和互补金属氧化物半导体（CMOS）集成等工艺研发，进一步提升产品的一致性、可靠性、稳定性。完善新型传感器的系统和结构设计能力，推动发展器件级、晶圆级 MEMS 封装和系统级测试技术及专用制造装备和测试校验设备。重点支持清华大学 MEMS 技术研究院、扬杰电子、英迈克测控、奥力威、联能电子等科研院所及相关企业围绕行业需求开展智能传感器研发应用。

扬州围绕汽车、机械、电子、化工、危险品制造以及医疗健康、家庭服务、教育娱乐等行业需求，积极研发可以完成动态、复杂作业，与人类协同作业的新一代机器人。加快多关节工业机器人、并联机器人、移动机器人的本体开发及批量生产，推进伺服电机、精密减速器、伺服驱动器、末端执行器、传感器通用关键部件国产化。推进工业机器人智能化升级，以机器视觉、自主决策为突破方向；积极开发焊接、装配、喷涂、搬运、检测等智能工业机器人；实现高柔性、高洁净度、高危险等特定生产场景的快速响应，全面提升工业机器人传感、控制、协作和决策性能。加快研发特种机器人、智能服务机器人、智能语音交互机器人等智能机器人新产品。重点支持中国科学院沈阳自动化所扬州工程技术研究中心、江苏省数控机床研究院、哈工大机器人集团（扬州）科创中心、恒佳机械、长江重工、艾萨克等做强做精所在细分领域的智能机器人业务。

扬州大力发展与人工智能关联的核心元器件、智能硬件和终端产品。加快发展智能成套装备，联合攻关智能数控系统、高精度新型传感器、关键功能部件、网络化集成系统等关键智能共性技术。支持智能无人机的研发和产业化，在实时精准定位、动态场景感知与避让、面向复杂环境的自主飞行、群体作业等核心技术方面加强研究；重点支持红旗、飞虎、金景、东马等企业做大做强农用无人机、植保无人机、六轴多旋翼无人机、大载重多旋翼无人机等产品。鼓励发展智能网联汽车，加强智能感知、车载通信、车载智能芯片、信息安全、车辆智能算法、多车协同等技术集成和配套；重点支持奔羽电动车、航盛科技、泽景汽车电子、泰博汽车电子、罗思韦尔、金丰机电、瑞控汽车电子等企业；在无人车深度学习视觉感知技术、智能网联汽车环境感知系统、智能驾驶辅助系统、智能安全制动系统、智能车身控制系统

等领域的技术研究和产业化应用。扬州要积极发展智能摄像头、新一代智能手机、车载智能终端等移动智能终端产品和医疗影像辅助诊断系统、视频图像身份识别系统等智能设备，鼓励开发智能手表、智能耳机、智能眼镜等可穿戴终端产品。

3. 引进培育领军企业

扬州坚持引进、培育的“两手抓”思路，在人工智能领域积极吸引一批带动性强的知名企业和重大项目落户。在智能软硬件、视觉识别、虚拟现实和增强现实、智能传感器、智能网联汽车、智能机器人、智能终端等新兴领域加快培育一批领军型企业。支持龙头骨干企业构建开源硬件工厂、开源软件平台，形成集聚各类资源的创新生态，促进人工智能中小微企业发展和各领域应用。集中有限资源，对创新平台建设、智能改造、信息化建设、人才培养、品牌培育、兼并重组、模式创新等机制予以重点支持。

4. 强化人才支撑

推动招商引资和招才引智“双轮驱动”，走出去开展“产业合作·人才集聚·科技创新”推介，请进来开展“产业人才科技金融”合作。提升人才集聚的专业化水平和市场化程度，支持科技产业综合体、人力资源产业园引入专业化运营管理团队，提升科技型企业入驻率和高层次人才集聚度。打造科技镇长团与科技企业家的“产才对接云平台”，健全“拨投贷奖补”人才金融体系，推动“产学研金政”合作深度融合。实施人才服务“双安两就”工程，以新建人才公寓 4 万平方米为抓手，实施“人才安居工程”，以青年人才联谊沙龙为平台，实施“人才安家工程”；完善对高层次人才子女就学政策，畅通高层次人才就医绿色通道，努力打造人才友好型城市。实施“绿扬金凤计划”，对人工智能产业顶尖人才、创新创业团队、创新创业领军人才给予资助。鼓励扬州大学、南邮通达学院、扬州市职业大学、扬州技师学院等扬州高校和职业院校开设人工智能及其相关专业，提高学科建设水平，培养更多应用型、技能型人才，构建不同层次的人才体系。

5. 加强公共平台建设

依托扬州高校、科研院所、第三方组织机构等平台对接国内外创新资源，支持人工智能企业与国内外人工智能领先高校、科研院所、团队合作，

吸引国内外人工智能企业、科研机构在扬州设立研发中心。充分发挥扬州大学信息工程学院省级人工智能学会专委会的作用，推动本市骨干企业、行业组织、科研机构、高校等联合组建人工智能产业技术创新联盟，支持各类机构和服务平台面向人工智能企业提供专业化服务。整合大数据资源，建立支持人工智能产业发展的基础数据，按照“政府引导、市场主导”的原则，加快建设语音、图像、视频及行业应用数据等多类型人工智能海量训练资源库和标准测试数据集。通过新建或协议使用等方式，建设满足深度学习等智能计算需求的超级计算中心、新型计算集群共享平台、云端智能分析处理服务系统、算法与技术开放平台、智能系统安全服务平台、多种生物特征识别的基础身份认证系统等基础资源平台，降低人工智能创新成本。整合产学研等资源，推动公共服务平台、领军企业和创新型企业加强合作，汇聚人工智能创新创业资源，提供相关研发工具、检验测评、数字安全、标准化、知识产权、情报咨询等专业化的创新创业服务。举办人工智能、VR/AR博览会，鼓励支持开发园区、重点企业、研发机构、产业联盟等举办人工智能行业论坛峰会、培训讲座、专业会议、创新创业大赛、会展等，搭建高端交流合作平台，吸引国内外人工智能领域的领军企业、科研院所、创新团队和科技成果在扬州扎根。

6. 强化应用牵引

实施“人工智能+”行动，推动人工智能和实体经济深度融合创新，促进人工智能在制造、交流、物流、教育、医疗、健康养老、金融、商务、家居、政务、司法、公共安全等行业和领域深度应用。“人工智能+制造”，紧扣关键工序自动化、关键岗位工业机器人替代、生产过程智能优化控制、供应链管理智能化，推动制造智能升级，在汽车及零部件、高端装备、新型电力装备等行业每年建设一批智能工厂（车间）。“人工智能+交通物流”，推动实施数据分析、计算机视觉等技术在城市交通状况监控、路网流量分析、货物配载服务等方面应用，提升现代交通物流水平。“人工智能+教育”，开展智能校园建设，推动人工智能在教学、管理、资源建设等全流程的应用。开发基于大数据智能的在线学习教育平台，建立以学习者为中心的教育环境，提供精准推送的教育服务，实现日常教育和终身教育的定制化。“人工

智能+医疗”，推广应用人工智能治疗新模式新手段，建立快速精准的智能医疗体系，开发应用人机协同的手术机器人、智能诊疗助手，研发柔性可穿戴、生物兼容的生理监测系统，实现智能影像识别、病理分型和智能多学科会诊。“人工智能+健康养老”，加强群体智能健康管理，突破健康大数据分析、物联网等关键技术，研发健康管理可穿戴设备和家庭智能健康检测监测设备，推动健康管理实现从点状监测向连续监测、从短流程管理向长流程管理转变。建设智能养老社区和机构，构建安全便捷的智能化养老基础设施体系。加强老年人产品智能化和智能产品适老化，开发视听辅助设备、物理辅助设备等智能家居养老设备，拓展老年人活动空间。开发面向老年人的移动社交和服务平台、情感陪护助手，提升老年人生活质量。“人工智能+N”，在金融、商务、政务、家居、社会治理、公共安全等领域，分行业实施应用示范工程，引领示范应用，促进产业发展。鼓励商业模式创新，引导人工智能企业开发新模式，提供新服务，发掘新的盈利点和开拓新的增值业务。

三、大数据产业

（一）南京大数据产业概况

目前，南京已形成软件谷、江苏软件园、江北新区研创园和白下高新园等 4 个重点产业布局，拥有 10 个重点数据中心，聚集了苏宁云、华为云、满运等大数据和云计算重点企业 200 多家，其中重点跟踪亿元以上大数据企业 40 家。

此外，南京还培育了擎天、诚迈等一批成长性好的重点大数据企业，在数据共享开放、民生服务、产业创新、大数据分析等领域产生了一批有代表性的大数据产品和服务。

（二）南京大数据产业主要协同企业

南京大数据产业可协同的主要企业有：南京大数据产业基地、汇智大厦、雨花（国家级）服务外包示范基地、中国（南京）软件谷（西春路）、南京花神科技广场、云密城（中国南京软件谷）、沁恒科技园、南京天溯科技园（天溯创新中心）、丰盛科技园、润和创智中心（国际生态信息产业园）。

（三）基于 G328 产业创新走廊的扬州大数据产业协同发展

基于 G328 产业创新走廊，扬州市要实现电子信息制造业、软件和信息服务业两个基础产业和大数据、人工智能、物联网三个新兴产业等核心产业特色发展，建设智能车间、智慧园区、“政策超市”、互联网医院、智慧公路、智慧充电桩、智慧灯杆等应用场景。到 2025 年，扬州市数字经济核心产业增加值较 2021 年实现翻番。

基于 G328 产业创新走廊，扬州市务必全面建设数字应用场景。数字经济将被应用到“产业大脑”、智能车间、智能工厂、智慧园区建设中，到 2025 年，扬州市新建 70 个左右省级智能制造示范车间，新建 12 个左右省级智能制造示范工厂，争取建成 5 个数字化示范园区的应用场景。数字经济将带来智慧生活，实现智能营销、智能导购、即时配送、智慧支付、智能停车等智能化服务，到 2025 年，扬州市推动建设 5 个具有扬州特色的智慧商圈，以及 5 个省级智慧旅游景区。此外，数字经济还将应用在农业领域，将带来智慧农业应用场景，预计要建设 10 个省级粮食生产无人化农场。

基于 G328 产业创新走廊，扬州市将发展电子信息制造业、软件和信息服务业两个基础产业和大数据、人工智能、物联网三个新兴产业，打造以扬州沿江地区数字经济核心产业带为引领，各省级以上开发园区等多点协同的“一带引领多点协同”空间布局。到 2025 年，电子信息制造业、软件和信息服务业两大产业规模超过 1 840 亿元，数字经济新兴产业规模达到 150 亿元。

此外，扬州市基于 G328 产业创新走廊还将加大数字技术创新，推进平台建设、技术攻关、成果转化一体化发展，建立数字技术创新平台和投资开发平台，以数字技术创新引领数字经济发展。同时，将统筹布局数字基础设施，围绕网络基础设施、存算基础设施和融合基础设施三个核心，统筹 5G、千兆宽带、IPv6、大数据中心等建设安排，建设智慧公路、智慧服务区、智慧港口和航道、智慧充电桩、智慧灯杆等 5 个应用场景。

四、集成电路产业

（一）南京集成电路产业概况

南京市集成电路产业基本实现 IC（芯片）设计、晶圆制造、封装测试、

材料和设备等产业链全覆盖，拥有集成电路设计服务（EDA）产业创新中心、南京集成电路产业服务中心（ICisC）等产业平台和宽禁带半导体电力电子器件国家重点实验室、江苏省射频集成与微组装工程实验室等国家、省级重点实验室，汇聚了台积电、华天科技、芯华章、矽力微、恒电电子等代表性企业和南京大学、东南大学、中国电子科技集团公司（以下简称“中电”）第十四研究所、中电第五十五研究所等高校科研院所。2021 年，全市共有 183 家规模以上集成电路企业，全年累计实现营收 475. 25 亿元。其中 IC 设计类企业营收过亿元企业数量达到 70 家，占全国 IC 设计类企业营收过亿企业总数的 12. 6%。

南京集成电路产业的发展重点是：集成电路芯片设计及服务，芯片设计平台（EDA 工具）及配套 IP 库；中央处理器（CPU）、微控制器（MCU）、数字信号处理器（DSP）、通信芯片、数字电视芯片、多媒体芯片、信息安全和视频监控芯片、MEMS 传感器芯片、功率控制电路及半导体电力电子器件、光电混合集成电路等集成电路芯片产品；线宽 100 纳米及以下大规模数字集成电路，0. 5 微米及以下模拟、数模集成电路等集成电路芯片制造；采用 SiP、MCP、MCM、CSP、WLP、BGA、Flip Chip、TsV 等技术的集成电路芯片封装；6 英寸、8 英寸、12 英寸集成电路硅片、绝缘体上硅（SOI）、化合物半导体材料、光刻胶、靶材抛光液、研磨液、封装材料等集成电路材料；6 英寸、8 英寸、12 英寸集成电路生产线所用的光刻机、刻蚀机、离子注入机、退火设备、单晶生长设备、薄膜生长设备、测试设备等集成电路设备。

（二）南京集成电路产业主要协同企业

南京集成电路产业主要协同的企业有：南京国博电子有限公司、南京泊纳莱电子科技有限公司、南京晟芯半导体有限公司、伟创力（南京）科技有限公司、西门子数控（南京）有限公司、晶门科技（中国）有限公司、南京米乐为微电子科技有限公司、南京威派视半导体技术有限公司、欣铨（南京）集成电路有限公司、南京微盟电子有限公司、展讯半导体（南京）有限公司、新思科技有限公司、创意电子（南京）有限公司、紫光展锐、诺领科技（南京）有限公司、南京中感微电子有限公司、台积电（南京）有

限公司、南京机鼎电子科技有限公司、南京浣轩半导体有限公司、南京芯力微电子有限公司、江苏长晶科技有限公司、华天科技（南京）有限公司等。

（三）基于 G328 产业创新走廊的扬州集成电路产业协同发展

江苏省政府 2022 年印发的《关于进一步促进集成电路产业高质量发展的若干政策》，提出了提升扬州市集成电路产业创新能力、提升产业链整体水平、形成财税金融支持合力、增强产业人才支撑、优化发展环境等 5 个大类 26 条具体措施。

对新获批的全国重点实验室，江苏省科技计划专项资金连续 5 年每年给予不低于 500 万元资金支持；对新获批的国家级技术创新中心，省科技计划专项资金给予不超过 3 000 万元资金支持。对新获批的国家级制造业创新中心，省、市、县（市、区）给予联动支持，省工业和信息产业转型升级专项资金给予不低于 3 000 万元资金支持。扬州市要下决心克服困难，给予相关项目 1∶1 的同等配套。要鼓励研发制造集成电路产业高端装备，支持集成电路企业优先采用国产装备建设国家级和省级智能制造示范工厂、示范车间以及工业互联网标杆工厂和星级上云企业等，符合条件的给予资金大力支持。通过政府购买服务，为集成电路中小企业开展智能制造免费诊断服务，推行智能制造顾问制度，帮助企业提供解决方案。支持企业围绕高端化、智能化、绿色化、服务化方向实施技术改造，对符合条件的最高给予 4 000 万元资金支持。

扬州市积极落实集成电路企业“十免”“五免五减半”“二免三减半”“研发费用加计扣除”等相关税收优惠政策。对符合条件的集成电路企业，研发费用加计扣除比例由 75%提高至 100%，并可在预缴申报第三季度或 9 月企业所得税时享受优惠；对符合条件的集成电路企业落实增值税留抵退税政策。

扬州着眼江苏省高校优势学科建设工程、品牌专业建设工程、协同创新计划、特聘教授计划加大对扬州集成电路相关学科的支持力度，提高经费支持额度，积极扩大招生规模。优先支持扬州地方高校集成电路相关学位点布局及平台建设，对具有博士、硕士一级学科授权点的高校每年每个院校分别给予 600 万元、400 万元的支持，对独立设有集成电路相关学院的高校每年

每个学院给予 400 万元的支持。江苏省鼓励长三角集成电路产业链上下游组建创新联合体，实施集成电路领域关键核心技术攻关项目，共同开展产业链补链固链强链行动，加大对长三角集成电路产业联盟的指导支持力度，以龙头企业为核心推动上下游企业深度合作。

五、高端装备（智能制造）产业

（一）南京高端装备（智能制造）产业概况

南京坚持以工业机器人、高档数控机床等为核心的智能制造装备作为发展智能制造、推动产业转型升级的重要引擎，在工业机器人、智能制造系统解决方案等细分领域发展迅速，在整机制造、部分关键零部件和系统集成领域形成优势。南京智能制造装备领域布局建设了江北新区智能制造公共服务平台、江宁 5G+智能制造服务平台、南京智能制造学院、南京智欧智能技术研究院等一批创新平台。目前，南京市现有智能制造装备企业超过 1 500 家，拥有中电国睿、南京高速齿轮、舍弗勒、埃斯顿等一批产业链龙头企业。2020 年，全市智能制造装备产业主营业务收入 757 亿元。

南京产业集聚态势明显。重点规划打造 4 个智能制造装备产业重点园区。江北新区智能制造产业园重点聚焦自动化成套装备和智能传感器等智能测控装置等领域，江宁区智能制造产业园重点聚焦装备上游关键零部件、工业机器人等领域，六合区数控机床产业园重点聚焦高端数控机床等领域，建邺智能制造新都市产业园重点聚焦工业互联网、工业软件等领域。

南京创新平台资源丰富。南京市拥有 5 个与智能制造装备相关的双一流建设学科，4 家国家级实验室和技术中心，19 家省部级实验室和技术中心以及 45 家市级以上企业技术中心，1 家省级制造业创新中心，为推动产业基础高级化、产业链现代化提供了有力支撑。

南京高端装备（智能制造）产业的发展重点是：工业机器人和工业机器人工作站；智能测控装置、包括智能控制系统、智能仪器仪表。用于数控机床、基础制造装备、流程工业装备及其他制造装备中，实现控制功能的工业控制系统；用于离散制造和流程工业装备中，连续测量温度、压力、流量、物位等变量，或者测量物体位置、倾斜、旋转等物性参数以及物质成分

的仪器和仪表；高速精密重载轴承、高速精密齿轮传动装置、伺服控制机构、液气密元件及系统等关键基础零部件；数控机床、智能基础制造装备等智能加工装备；智能物料搬运装备、智能仓储装备、智能港口装卸设备、农产品智能物流装备等；智能农业动力机械、高效智能收获与智能控制装备、设施智能化精细生产装备、食品工业化加工与智能制造装备等智能农机装备；增材制造。

（二）南京高端装备（智能制造）产业主要协同企业

南京市的高端装备（智能制造）产业协同的主要企业有：南京控特电机股份有限公司、南京传仕重工科技南京高崎电机有限公司、南京三协电机制造有限公司、南京溧水丰盛机电制造有限公司、南京科远智慧科技有限公司、南京胜捷电机制造集团股份有限公司、南京沃特电机有限公司、南京汽轮电机集团电站配件制造有限公司、易虎网科技南京有限公司、南京音飞储存设备（集团）股份有限公司、南京汽轮电机（集团）有限责任公司、招商局金陵船舶（南京）有限公司、国电南瑞科技股份有限公司、西门子数控（南京）有限公司、南京高速齿轮制造有限公司、舍弗勒（南京）有限公司、艾欧史密斯（中国）热水器有限公司、南京乐金熊猫电器有限公司等。

（三）基于G328产业创新走廊的扬州高端装备（智能制造）产业协同思路

1. 关键核心技术及零部件攻关

围绕核心基础零部件、关键基础材料、先进基础工艺、产业技术基础等关键领域，把握产业发展的技术供给需求，有序组织实施工业强基工程和关键技术攻关工程，重点推动高性能电主轴、丝杠、导轨、轴承、刀具等高端数控机床基础零部件，精密减速器、高性能控制器、高精度伺服系统、传感器等高端装备核心部件加快实现自主研制和国产化替代，全面提升产业基础高级化和产业链现代化的水平，从而实现产业链与创新链的深度融合发展。

2. 重点技术发展领域

（1）数控机床领域。扬州大力发展数字化协同设计及3D/4D全制造流程仿真技术、精密及超精密机床的可靠性及精度保持技术、复杂型面和难加工材料高效加工及成形技术和100%在线检测技术。在重载锻压方面，重点

突破重载抗偏载多工位设计技术、重载伺服主传动驱动及控制技术、重载高能热模锻结构构型技术、并联系统动态高刚性技术、高速精密压力机床身高刚性技术、滑动轴承的动静压结合的曲轴复合支撑技术、肘杆驱动与冷锻工艺技术；在激光加工方面，重点突破可柔性编程的激光切割CAM技术、大功率智能化激光制造技术、快速自动上卷送料技术；在智能制造方面，重点突破钣金装备物理信息健康诊断模型技术、智能制造生产线系统集成控制技术、智能生产排程技术、智能分拣码垛技术。

（2）饲料粮油机械领域。扬州聚焦突破无人化、智能化饲料生产技术，饲料加工成套装备的大型化、智能化、绿色化技术，高效智能化油脂机械、淀粉机械及发酵机械的设计与制造技术，紧密融合电子控制技术、传感器技术、监测技术和网络技术，创新研制智能化饲料加工生产线和成套装备、绿色化饲料加工单机设备、智能化高端油脂装备等产品。

（3）工程液压机械领域。扬州重点发展新型自卸车智能型机电液一体化挖掘机、装载机、混凝土搅拌、液压和气压动力机械设备。依托龙头企业，综合运用现代传感技术、数字通信技术等先进技术，重点研制Smart液压系统、多功能顶开启系统等精密液压核心部件。

（4）节能环保装备领域。扬州重点开发新型脱硫脱碳脱硝装备、高效水处理设备、高效节能机电设备等关键技术装备。

（5）工业机器人领域。扬州重点突破高可靠智能分拣技术、工业CT快速三维重建技术、基于神经网络算法的缺陷自动检测技术、高精度智能化集成应用一体化控制技术、钣金送料机器人折弯跟随控制反馈校正视觉定位等关键核心技术。创新研制折弯、激光、锻造、码垛、龙门式直线工业机器人等产品。

（6）增材制造领域。扬州加强3D打印耗材、3D打印设备、3D打印工艺等技术研发，重点突破功能合金、金属间化合物、低缺陷金属粉末、高性能聚合物、陶瓷材料等增材制造材料制备关键技术，高可靠大功率激光器、高精度阵列式打印头、智能化实时监测、新型3D数据采集系统等增材制造关键设备设计制造技术，复合打印、多材料打印、液态金属打印、移动式打印、梯度打印等增材制造先进加工工艺及关键设备制造技术，以及面向高技术领域的高效率、高精度、低成本、批量化增材组合制造关键技术和大数据智能化设计制造软件系统。

3. 重大装备应用示范

扬州加大支持首台（套）重大装备及关键部件开拓市场，鼓励用户采用自主创新重大装备，支持技术含量高、市场前景好、替代进口效果明显的首台（套）重大装备及关键部件产品，研究实施首台（套）重大装备及关键部件推广应用工程示范项目。加快推进数字化技术在企业研发设计、生产制造、物流仓储、经营管理、售后服务等关键环节的深度应用，形成一批智能制造高端品牌和制造基地。

六、生物医药产业

（一）南京生物医药产业概况

南京新医药与生命健康产业包括医药、医工、医疗、医信、医体、医养等六大领域。全市拥有 20 多所从事生物医药教学的院校，基础人才输出数量居于全国之首。全市组建了 30 余家公共技术服务平台，涵盖药物筛选、动物实验、药效药理等诸多领域。拥有上市企业 19 家，先声药业、奥赛康药业、南京健友、南京优科等 4 家企业成功入选中国化学药品企业百强榜，国家健康医疗大数据（东部）中心、国家遗传基因工程小鼠资源库等一批创新平台相继落地。2021 年产业规模达 3 193 亿元，连续 5 年保持 20%的增速。2020 年出台《南京市打造新医药与生命健康产业地标行动计划》，全面支持产业发展。

南京生物医药产业的发展重点是：肝炎、疟疾、结核、艾滋病、手足口病等重大或新发传染病疫苗，基因工程疫苗、核酸疫苗等新型疫苗；疫苗抗原大规模培养、疫苗抗原纯化技术、蛋白纯化生产新工艺技术，疫苗安全性与免疫性相关技术，冻干疫苗耐热保护技术和疫苗质量快速评价技术和方法等；治疗恶性肿瘤、自身免疫性疾病、神经系统疾病等难治性疾病以及用于紧急预防和治疗感染性疾病的抗体类药物，免疫原性低、稳定性好、靶向性强、长效、生物利用度高的基因工程蛋白质药物；基因工程药物、抗体药物、核酸药物、稳定表达细胞系构建技术、规模化制备生产技术、蛋白质工

程技术、化学修饰技术、长效、缓释、控释等生物制剂技术，疫苗的新型载体、佐剂、稳定剂和保护剂，细胞治疗相关技术；化学药品及原料药制造、现代中药与民族药、生物医药关键装备与原辅料、生物医药服务等；医学影像设备及服务、先进治疗设备及服务、医用检查检验仪器及服务、植介入生物医用材料及服务等生物医学工程产业。

（二）南京生物医药产业主要协同企业

南京市的生物医药产业可协同的主要企业有：南京帝基生物科技有限公司、南京健友生化制药股份有限公司、南京绿叶制药有限公司、南京世和基因生物技术有限公司、南京药捷安康生物科技有限公司、南京药石科技股份有限公司、南微医学科技股份有限公司、江苏奥赛康药业股份有限公司、南京金斯瑞生物科技有限公司、前沿生物药业（南京）股份有限公司、江苏中旗科技股份有限公司、南京基蛋生物科技有限公司、南京圣和药业有限公司、南京优科制药有限公司、南京正大天晴制药有限公司、南京先声东元制药有限公司等。

（三）基于 G328 产业创新走廊的扬州生物医药产业协同发展

第一，以推动产业链现代化和产业基础高级化为导向，实施产业倍增行动计划，优化医药产业空间布局，培育产业链主导企业，推进生物医药和新型医疗器械产业智能化、绿色化转型升级，打造创新型、高质效、可持续发展的现代生物医药和新型医疗器械产业集群。

第二，加快创新平台建设，支持创新药品和医疗器械研发，建立市领导挂钩联系服务制度，予以项目“绿色通道”待遇，优先推荐申报各级人才类、科技类、商务类、产业类专项，对于建设重大创新平台、研发创新药物项目，政府按照“一事一议”方式给予资金支持。

第三，加大金融支持。以市场化方式参股或设立涵盖项目落地、股权投资、新药引进等领域的生物医药产业基金；引导各类金融资本加大对生物医药企业或机构的投资力度，支持企业充分利用境内外多层次资本市场上市挂牌融资。

第四，优化服务保障。建立推进扬州市生物医药产业高质量发展联席会议制度；组建生物医药产业联盟，负责战略研究、产业分析、技术预测、项目咨询工作；对符合条件的企业申报新药和创新医疗器械建立对接服务机制，设立医药园区创新服务站，培育专业服务队伍，提供常态化注册申报服务。

七、文旅产业

（一）南京文旅产业概况

文化产业聚焦新闻出版、广播影视、文化旅游、动漫游戏等重点优势领域，积极培育创意设计、文化金融等新兴文化业态，大力发展综合内容产品研发、平台服务、技术创新、成果转化、金融服务、线上线下双向交易的数字内容产业，重点培育具有影响力的新技术期末新业态、新模式。旅游产业重点发展观光旅游、休闲旅游、会奖旅游、体验式旅游、水上旅游、康养旅游、房车旅游、低空飞行旅游等新业态，乡村民宿、旅游风情小镇等新载体。

南京市文旅产业发展现状呈现出强劲的复苏态势，吸引了大量国内外游客，推动了旅游收入和接待人次的大幅增长。

南京市文旅产业的发展得益于多项因素的共同作用。首先，政策环境的支持为文旅产业的复苏提供了有力的保障。通过制定和实施一系列政策，如《南京市引导城乡居民扩大文化消费实施意见》《关于推进南京旅游高质量发展行动方案》，南京为文旅产业的发展创造了良好的政策环境。这些政策不仅促进了南京演出市场的发展，还推动了艺术与商业的结合，以及夜间文旅消费的增长。

在具体举措上，南京通过打造“夜泊金陵”夜间文旅品牌，积极推动夜间娱乐、旅游、购物等夜间经济的发展。此外，南京还通过建设艺术 Mall（街区）和促进新业态的发展，不断刷新消费体验，激发消费潜力，增添消费活力。这些举措有效地促进了文旅消费的提质升级，为游客提供了更多元化的旅游体验。

南京市玄武区作为全市唯一的行政区，成功入选首批国家文化产业和旅游产业融合发展示范区建设单位名单，这标志着南京在文旅产业融合发展方面取得了显著的成就。玄武区的成功入选，不仅体现了其在文旅产业发展方

面的特色路径和高质量发展水平，也为南京市文旅产业的进一步发展提供了有力的支撑。

此外，南京的旅游市场也呈现出多元化的升级趋势。2023 年 1-7 月，南京全市共接待游客 10 712.16 万人次，同比 2022 年增长 70.4%，实现旅游总收入 1975.09 亿元[①]。多种旅游业态不断涌现，如研学旅游、夜间旅游、文化演出等成为不少游客新的选择偏好。这些数据充分表明，南京市文旅产业的发展不仅在数量上实现了快速增长，而且在质量上也实现了显著提升。

（二）南京文旅产业主要协同企业

南京市文旅产业可协同的主要企业有：南京时代传媒有限公司、南京国豪装饰安装工程有限公司、南京迅云网络科技有限公司、江苏华商数字科技有限公司、江苏福佑艺术设计有限公司、江苏新华报业传媒集团有限公司、江苏译林出版社有限公司、江苏省广电有线信息网络股份有限公司、江苏幸福蓝海影院发展有限责任公司、南京和之梦文化传播有限公司、江苏省广播电视集团有限公司、南京时代传媒股份有限公司、江苏雅达置业有限公司、南京汤山旅游发展有限公司、巴布洛生态谷、南京携程国际旅行社有限公司、视觉（中国）文化发展股份有限公司南京分公司、中青旅江苏国际旅行社有限公司、江苏广电国际旅游有限公司、南京大华国际旅游有限公司、南京途牛国际旅行社有限公司等。

（三）基于 G328 产业创新走廊的扬州文旅产业协同发展

南京、镇江、扬州（以下简称“宁镇扬”三市）深化宁镇扬“3+3”文旅合作，跳出一域谋全局，着力做好区域发展大文章，宁镇扬三地一衣带水，推动同城化中文旅产业发展要顺势而为，勇当“排头兵”；把握旅游新趋势，着力做好多元创新大文章，大力推进文旅深度融合，注重挖掘和利用历史文化、民俗文化、地域特色文化等资源，重视老地名、老字号、老建筑、古村落、民俗手工艺的保护和利用，用文化理念发展旅游，用旅游载体传播文化，让旅游更有“诗意”，让文化走向“远方”；唱出文旅发展好声音，着力做好宣传营销大文章，加强营销策划、宣传推介。精心塑造主题品

① 数据来源：南京市文旅局官网数据

牌，加强城市旅游形象设计，突出对城市品牌形象的塑造和推广。

宁镇扬三市合力开展城市营销，树立“大旅游”理念，创新旅游宣传方式，针对不同人群制定个性化营销方案。增强旅游要素联动性，推动不同景区间实现信息共享、线路共推、客源互送。善于创设和运用旅游节庆，加强与“飞猪”“携程”等旅游平台合作，利用好抖音、快手等网络直播平台，将数字“流量”变成旅客“流量”。

共塑区域文旅品牌，形成以南京为龙头的一体化的同频共振，加强对同根同源传统文化资源的保护利用，打造彰显宁镇扬生活美学的文旅消费新场景、新业态，联动三地旅游资源，推出更多文化旅游精品线路，合力共塑宁镇扬区域文化旅游品牌；要携手共建区域旅游联盟，创新旅游发展模式，共同打造宁镇扬精品旅游区域旅游目的地，实现“小旅游”向“大旅游”转变，持续推动“资源共享、线路互联、市场互通、客源互送、合作共赢”；要携手共推旅游市场繁荣，积极构建开放融合要素市场共同体，着力于共惠性市场开发，携手共抓文旅市场复苏机遇，共推旅游市场繁荣。

八、软件信息产业

（一）南京软件信息产业概况

南京是首个中国“软件名城”，拥有重点涉软企业 4 200 家，涉软上市企业超过 120 家，中国软件业务收入百强企业 8 家。南京大学软件学院、东南大学软件学院为国家示范性软件学院。近年来，引进了亚信安全总部、小米华东总部、字节跳动南京研发中心、龙芯中科南方总部等一批龙头企业重大项目。2021 年，全市完成软件业务收入约 7 000 亿元，产业规模位列江苏省第一、全国第四。2021 年，南京市软件和信息服务集群入围全国首批先进制造业集群，市政府出台《南京市推进软件名城提质升级 打造万亿级产业行动计划》，全面支持软件产业发展。

南京软件信息产业的发展重点是：推进自主操作系统、数据库、中间件、办公软件等重点产品攻关，支持基础软件重点项目落户；推进工业控制系统、工业设计软件、网络信息安全、金融核心业务系统、电子政务等重点领域攻关，支持应用软件龙头企业落户；加强云计算、大数据、区块链关键

技术攻关，重点引进大型云计算服务平台、行业领军互联网平台和新兴平台企业，推动区块链面向先进制造、数据流通、产品溯源、普惠金融、司法存证等领域的应用。

（二）南京软件信息产业主要协同企业

南京软件信息产业可协同的主要企业有：南京翼辉信息技术有限公司、南京国图信息产业有限公司、南京铂睿美视光电科技、南京华讯方舟通信设备有限公司、江苏苏伦大数据科技研究院、南京凯盛国际工程有限公司、南京康尼电子科技有限公司、南京联创科技集团股份有限公司、南京瑞安电气股份有限公司、南京全信传输科技股份有限公司、南京泰通科技股份有限公司、亚信科技（南京）有限公司、江苏欧帝电子有限公司、亚信科技（南京）有限公司、江苏原力数字科技股份有限公司、中电第十四研究所、江苏智麦汇科技发展有限公司、南京联创科技股份有限公司、国电南京自动化股份有限公司、江苏金智科技股份有限公司、南瑞集团、中国学天软件有限公司、南瑞集团有限公司、中兴软创科技股份有限公司、江苏金恒信息科技股份有限公司、南京擎天科技有限公司、江苏省通信服务有限公司、江苏亿科达科技发展有限公司、南京壹进制信息科技有限公司、南京钟山虚拟现实技术研究院有限公司、汇通达网络股份有限公司、江苏国瑞信安科技有限公司、南京途牛科技有限公司等。

（三）基于 G328 产业创新走廊的扬州软件信息产业协同发展

发展电子信息制造业、软件和信息服务业两个基础产业和大数据、人工智能、物联网三个新兴产业，打造以 G328 产业创新走廊数字经济核心产业带为引领，各省级以上开发园区等多点协同的“一带引领多点协同”空间布局。到 2025 年，预计电子信息制造业、软件和信息服务业两大产业规模超过 1 840 亿元，数字经济新兴产业规模达到 150 亿元。

加大数字技术创新，推进平台建设、技术攻关、成果转化一体化发展，建立数字技术创新平台和投资开发平台，以数字技术创新引领数字经济发展。同时，将统筹布局数字基础设施，围绕网络基础设施、存算基础设施和融合基础设施三个方面，统筹 5G、千兆宽带、IPv6、大数据中心等建设安排，建设智慧公路、智慧服务区、智慧港口和航道、智慧充电桩、智慧灯杆

等5个应用场景。

全面建设数字应用场景。数字经济将被应用到“产业大脑”、智能车间、智能工厂、智慧园区建设中，到2025年，新建70个左右省级智能制造示范车间；新建12个左右省级智能制造示范工厂；争取建成5个数字化示范园区的应用场景。

九、航空产业

（一）南京航空产业概况

根据《南京临空经济示范区总体发展规划》，南京航空产业主要分布在临空经济示范区，该示范区位于江苏省南京市江宁区和溧水区，东至243省道（扬句线），西至将军大道，南至340省道（张常溧线）、一干河（秦淮河上游），北至信诚大道、二干河（秦淮河上游）。规划总面积81.8平方千米。其中，南京都市圈国际开放枢纽发挥南京都市圈枢纽区位优势，放大示范区腹地辐射范围，对标上海虹桥国际开放枢纽，整合枢纽、口岸、保税、自贸等功能平台，完善国际航空枢纽门户功能，促进两个市场、两种资源有效对接，成为都市圈国际枢纽建设的重点功能区。

《南京临空经济示范区总体发展规划》以打造“跑道经济圈”为导向，以现代临空产业育引为路径，创新临空经济发展模式，打好产业基础高级化和产业链现代化攻坚战，全面强化临空经济对内集聚和对外辐射能力，不断提升示范区临空产业集群竞争力。

航空科技创新样板区，深度对接利用全省科教资源，强化企业创新主体地位，加强创新平台建设，以提升航空科技创新策源能力为导向，围绕航空产业链部署创新链、资金链，加快科技创新和产业融合发展，形成产学研深度融合的技术创新机制，打造承载新时代航空科技创新发展使命的样板区。

绿色智慧空港新城，把“绿水青山就是金山银山”理念融入示范区生态建设全过程，优化空间布局，推动“港、产、城”融合发展，推进示范区智慧化场景应用，建设宜居宜业宜游的绿色智慧空港新城，构建生产空间集约高效、生活空间宜居适度、生态空间山清水秀的现代城市格局。

在《南京临空经济示范区总体发展规划》中，南京市航空产业发展目

标为是一是到 2025 年，示范区综合实力显著增强，现代临空产业体系初步完善，创新要素资源加速集聚，产业结构优化、要素流动顺畅、生态环境优美的绿色智慧空港新城框架基本形成。二是到 2035 年，示范区综合实力在全国保持领先，新一代现代临空产业体系全面建成，面向全国、联接世界的航空枢纽作用凸显，形成集交通枢纽、经济枢纽、国际门户三大核心功能于一体的港产城融合发展格局。

在《南京临空经济示范区总体发展规划》下，形成“一核两翼六区”的空间体系。

“一核”：即南京禄口国际机场。面积为 28.67 平方千米，规划远景预留至 39 平方千米，形成长三角世界级机场群核心区域枢纽机场。

“两翼”：即江宁和溧水两个片区。其中江宁片区面积为 28.39 平方千米；溧水片区面积为 24.78 平方千米。

“六区”：根据产业布局划分为六个功能区。航空运营保障区、航空现代物流区、航空先进制造区、临空高新产业区、临空现代服务区、航空智慧社区。

（二）南京航空产业主要协同企业

南京航空产业的主要企业包括中航工业南京轻型航空动力有限公司、南京长空科技有限公司、南京全控航空科技有限公司。

中航工业南京轻型航空动力有限公司（简称中航工业轻动）是中航工业与南京市政府战略合作的结果，共同投资打造轻型动力产业基地。该公司主要从事小涡喷、小涡扇发动机，飞机第二动力系统，1 500 千瓦当量及以下级涡轴发动机，活塞发动机等产品的研发、生产、总装集成、总试、维修、市场营销和售后服务等业务。公司注册资本 15 亿元，拥有员工五千余人，项目总投资达 30 亿元，到 2024 年可以实现销售收入 100 亿元。

南京长空科技有限公司（简称长空科技）是南京航空航天大学的全资公司，主营无人机系统研发、制造、系统集成、销售及社会服务等业务。公司致力于发展成为国际知名的航空高科技公司，已建成南京市浦口民用无人机基地，积极为社会和行业提供各类无人机产品的试验检测、技术鉴定、培训业务、飞行服务、示范应用以及科普教育等公共服务。

南京全控航空科技有限公司成立于2013年，是一家集研发设计、生产安装、销售服务为一体的多元化发展综合性高新技术企业。主要产品包括三/六自由度平台、赛车/飞行游戏平台、地震仿真平台、虚拟仿真模拟平台等，广泛应用于各种模拟仿真和专业训练领域。

在低空制造产业，南京已集聚有融通军品和民品无人机公司、中航金城无人系统有限公司、南京亿维特EVTOL研发公司等整机制造领域的优质企业。

在低空飞行产业，集聚有大翼航空、若尔航空、新航线和迈杰科等深耕应急救援、空中游览、飞手培训领域的优质企业。

在低空保障和综合服务产业，集聚有南京莱斯信息技术股份有限公司、南京智慧航空研究院和南京天城交通研究院等专业从事飞行指挥调度、测绘导航服务等领域的优质企业。

可以协同的航空产业主要企业还有金城集团、宏光集团、霍尼韦尔、航天晨光、南航无人机研究院、中电第十四研究所、中电第二十八研究所等。

（三）基于G328产业创新走廊的扬州航空产业协同发展

1. 产业布局体系建设

加快构建“1+2+N”（一核引领、两基地协同、多点联动）布局体系，即以江广融合区为核心，以航空谷、机载共性中心园区、中航工业大厦等项目为依托，重点承接航空科研机构实体、产学研机构及配套研发企业，发挥创新引领示范作用，打造航空产业高能级化与示范化发展的核心区。以推动全市航空企业集聚发展，打造航空产业小型“园中园”，构建民航、通航互为补充的空中运输通道和多点协同额航空产业发展格局。

2. 产业科创平台载体建设

打造“3+M+N”航空协同创新体系（沈阳飞机设计研究所扬州协同创新研究院、中航机载系统共性技术工程中心、中国航空研究院研究生院+若干高校、科研院所+若干科创企业），建设集科技咨询、创新创业、科技人才和成果转化服务于一体的航空科技企业孵化器。

重点发展四个领域：

一是航空装备制造。在场景化试飞适航、新型气动布局、高超声速设计

等航空高新技术领域，推动研发能力向新型无人机、通用飞机等整机型号延伸；加快推进现有小型通用飞机的研发生产项目，加强通用航空制造能力；开展航空新材料、核心零部件装备制造的研发设计。

二是机载系统。聚焦航空机载系统的智能算法、显示、集成电路、可靠性安全性等前沿领域共性技术，打造机载系统研制创新高地；搭建民用航空机载研发云平台，服务研发设计；开展飞行控制系统、液压系统、燃油系统、通信系统、导航系统等机载核心设备的研发。

三是泛航空领域基础技术。重点支持高端装备制造、智能制造、光电信息、新材料等基础制造产业向航空领域延伸，打破技术壁垒，突破技术瓶颈，推进其他先进制造业与航空产业深度融合。

四是无人机技术。重点发展军民两用无人机研制，突破新型无人机的整机设计制造关键技术；保障无人机产业链条，招引无人机通信、控制等领域研发平台落地；开展物流无人机的研制，依托顺丰、阿里、京东等企业，建立运营试点。

3. 产业科技创新生态建设

加快推动同中航系企业合作，共同探索和建立与地方企业长效合作机制，加大政策和项目支持力度，促进来扬企业发展壮大。支持建立航空科技产业创新联盟，加快建设航空产业科技研发孵化平台、共性技术攻关平台、航空产业信息对接平台等产业创新平台，促进政产学研联合创新，切实提高技术创新能力，打造全产业链创新生态。

第五节　邻近 G328 产业创新走廊沿线经济体发展路径

目前，在扬州 G328 产业创新走廊的沿线主要经济体有三个：一是 G328 西北端的南京江北新区，二是 G328 西南端的南京紫东科创城，三是平行于扬州 G328、在长江南岸向西延伸的镇江 G312 产业创新走廊。

一、南京江北新区的发展路径

南京江北新区位于江苏省南京市长江以北，包括南京市浦口区、六合区和栖霞区八卦洲街道，覆盖南京高新区、南京海峡两岸科工园等园区和南京港西坝、七坝2个港区，规划面积788平方千米。南京江北新区有以下特点：第一，区位条件优越。南京江北新区地处我国东部沿海经济带与长江经济带“T”字形交汇处，东承长三角城市群核心区域，西联皖江城市带、长江中游城市群，长江黄金水道和京沪铁路大动脉在此交汇，连南接北、通江达海，是长三角辐射带动长江中上游地区发展的重要节点。第二，创新资源集聚。依托南京丰富的科教资源，南京江北新区现有南京大学、东南大学、南京农业大学、南京工业大学等高校12所，并组建了南京市江北高校联盟，各类科技创新平台和工程技术中心50多个，集聚国内外知名的高科技企业及研发机构数百家。第三，产业基础雄厚。南京江北新区拥有国家级、省级园区5个。战略性新兴产业发展迅速，生物医药、软件与信息服务等产业快速增长，其中高端装备制造业近三年产值年均增幅达到20%以上；现代服务业加快发展，近三年产值年均增幅达到20%以上；化工、钢铁等传统产业加速转型升级。第四，基础设施较完善。集水路、铁路、公路、管道等于一体的综合交通运输体系功能比较完善，随着长江南京以下12.5米深水航道的开通，江海转运枢纽作用日益凸显。多条桥梁、轨道、隧道连接长江南北，快速路网与周边区域互联互通。重大网络基础设施加快建设，对新区发展的支撑能力不断增强。第五，承载能力较强。南京江北新区拥有94千米长江岸线、16千米滨江风光带和老山国家森林公园，湖泊湿地资源丰富。该区人均可利用水资源超过800立方米，国家级、省级园区面积达140平方千米，具有较强的产业、人口承载能力。

当前江北新区以发展先进制造业和现代服务业为主攻方向，着力建设“中国制造2025”试点示范城市，打造“两城一中心”（芯片之城、基因之城和新金融中心），重点发展七大类十四大战略性新兴产业，涵盖新一代信息技术、高端装备制造、生物医药和医疗器械、新能源汽车、智能电网、新材料、节能环保等领域。江北新区已形成集成电路、生命健康、新能源等3个规模超1 000亿级产业，同时大力推进生物医药、软件业、轨道交通、卫星导航、节能环保、新材料等产业，通过进一步调整产业空间布局，优化产品结构，提前布局和培育数字经济、新医药与新健康、智能网联汽车、新型

都市工业等产业构成的“研创经济”，全面提升发展能级。

二、南京紫东科创城的发展路径

推动紫东地区建设发展，是南京市委、市政府着眼南京长远发展作出的战略决策，是优化城市空间格局、提高城市承载能力的重要举措。有别于江北新区和河西新城，紫东地区的定位是坚持系统思维、全局视野，串联起仙林大学城、紫东核心区、麒麟科创园、江宁大学城，打造具有辐射带动力、核心竞争力的紫东科创大走廊。

南京“紫东地区”指南京市紫金山以东地区，具体范围北至长江、南至宁杭高速、西至绕城公路、东至南京市界，与镇江（句容）接壤，与扬州仪征隔江而望，跨玄武、秦淮、栖霞与江宁四个行政区，总面积约 758 平方千米，人口约 83 万人。紫东地区核心区位于紫东地区中部，北至龙王山山脊线，南至沪宁高速，东至规划七乡河，西至绕越高速公路，面积约 22 平方千米。

“紫东科创大走廊”这一崭新概念，高屋建瓴地擘画定位了紫东未来，把紫东科创大走廊作为关键抓手，科学谋划紫东崛起，努力打造南京“一核三极”中的科技创新极和融入长三角一体化、实践宁镇扬同城化的战略先导区。

麒麟科创园以东，是紫东核心区“中”字头科研院所——中国科学院南京分院麒麟科技园和中国科学院大学南京学院所在地。中国科学院南京分院麒麟科技园占地面积约 0.2 平方千米，总投资约 41.9 亿元，是集科学研究、技术研发、成果转化、聚才创业等功能于一体的综合性科技创新平台；中国科学院大学南京学院占地面积约 0.18 平方千米，是集综合教学、图书情报、学术交流、教育管理、文体活动、创新创业等功能于一体的一流校园。

坐拥两座大学城、20 多所高校的强大科创资源优势，紫东科创城面向科创一线，专题研究并分析和梳理了仙林大学城高校数字创新脉络，推动核心区建设数字之城与高校产业化资源和创业项目链接，强化数字经济的引领。

紫东核心区数字之城建设将从以下几个方面展开。

（1）实现数字基础设施共建。由紫东核心区管委会统筹，铁塔公司牵头，电信、移动、联通、江苏有线等运营商参与，共同制定《5G 及基础设施建设方案》，统一建设核心区 5G 基站、通信管道、光交箱、数据机房，实现宏站、微站、室内分布系统相结合的综合覆盖方案，最大程度减少占地，节约投资，并与城市景观融为一体。

（2）实现数字资源共享。通过建立数字城市大脑，汇聚市政、交通、安全、环保、水务、医疗、养老、教育等各方面数据，通过数据运算，优化城市治理，方便居民生活，特别是将重点推进数字应用场景建设。

（3）实现社会各方共赢。与南京大学、南京邮电大学等高校签订数字科创校地合作协议，依托两个大学城的高校数字学科优势，共同加强与数字科技相关的实验室、研究中心、协同创新中心建设，加强政校企在大数据、人工智能、云计算等方面的研发合作，推动科技成果在紫东核心区落地。引进一批符合数字经济定位、科技研发方向的企业区域总部和新型研发机构，以及高端商务服务机构等项目入驻，形成科创、孵化、产业一条龙的数字产业生态链，打造紫东科创大走廊的核心节点。

紫东核心区管委会在推进规划体系完善、市政基础建设、公共资源布局、产业项目招商的同时，重点围绕数字城市建设，超前规划、统筹布局，开展了一系列基础工作。

紫东各板块根据科学的规划部署，围绕打造“四城”定位，在创新资源集聚地宣传推介紫东，招商引资项目落地建设成绩喜人。栖霞板块赴上海召开招商推介会，牵手沪上“合伙人”，一口气签下总额 232 亿元的项目；江宁板块在深圳召开紫东专场推介会，签约项目总投资超 370 亿元。为了使创新动能加速集聚，2020 年紫东地区开展了 323 个建设项目，完成投资 891 亿元，为高质量发展打下基础。2021 年紫东科创城吸引投资 270 亿元，产生税收 60 亿元。

围绕打造产业之城功能定位，紫东地区充分依托和整合开发园区、大学城等载体平台产业资源，积极优化产业用地布局，打造产业集群，构建高成长性的现代产业体系。

三、镇江 G312 产业创新走廊的发展路径

G312 产业创新走廊是指 G312 国道西起南京仙林大学城、东到镇江高新区的沿线地区。2020 年宁镇扬党政联席会议上，江苏省委领导提出了推动宁镇扬一体化全面提速、走在前列要着力做好的“五件大事”，其中第一件就是要以 G312 产业创新走廊为突破口，通过市场化机制推动创新资源优化配置，促进南京仙林大学城、麒麟科创园与镇江高新区、大学城融合连接，打造区域高质量发展的创新策源地。

G312 产业创新走廊是宁镇两市落实长三角一体化战略、加快融入南京都市圈、实现宁镇扬一体化进程提出的重要举措。

目前，镇江已经形成了高端装备制造、生命健康、数字经济和新材料四大主导产业集群，并将新型电力（新能源）装备、汽车及零部件（新能源汽车）、高性能材料、医疗器械和生物医药、新一代信息技术、航空航天、海工装备、智能农机设备 8 条产业链作为镇江市“十四五”期间发展的重点产业链。

从内在需求看，当前镇江也正在聚力建设创新名城，加快形成创新为主要驱动力、“双循环”为战略支撑的增长方式。镇江目前确定了“产业强市、创新驱动、融合发展”三大战略，而创新正是破题的关键招、制胜招，创新又离不开科技赋能。从基础条件看，G312 国道是连接南京和镇江的交通大动脉，沿线地区生态本底优良、创新要素集聚，分布了两市大部分优质科创资源，聚集了南京镇江的 15 个主要高校和近 30 个科研院所、近 50 万在校大学生、5 个国家级和省级开发区。从发展前景看，通过创新资源对接融合，G312 产业创新走廊能够打造成为引领科技创新、促进产业协同的“创新大走廊”，率先形成宁镇扬一体化的创新策源地和长三角科创共同体的重要增长极。

在共建 G312 产业创新走廊问题上，镇江市做到了以下几点：

（1）把 G312 产业创新走廊建设作为镇江和南京两市谋划“十四五”的一项重点工作，进一步聚焦实体经济创新发展的主攻方向做好顶层设计、务实高效推进。具体有：

第一，科创空间一体化布局，围绕产业链布局创新链、配套要素链；

第二，产业体系一体化构建，引导产业实现合理聚集和链式协同；

第三，区域环境一体化建设，加强共有水体生态治理，以 G312 快速化改造等工程为抓手提升交通畅达水平，携手打造优良生态环境、服务环境、营商环境；

第四，发展规划一体化谋划，切实加强各类发展规划、空间规划、专项规划的对接，增强重点项目规划布局的前瞻性。

通过进一步探索务实高效管用的体制机制，牢固树立“一盘棋”思想，充分发挥政府和市场“两只手”作用，在运作机制上坚持市场导向，在任务落实上做到专班推进，在合作模式上坚持互利共赢可持续，高质量建设 G312 产业创新走廊。

（2）G312 产业创新走廊建设是宁镇扬党政联席会议明确的重点工作。

第一，镇江把 G312 产业创新走廊建设纳入镇江未来发展的战略布局，高位统筹，高标准配置资源，一着不让推动实施；

第二，完善规划抓推进，着力完善 G312 产业创新走廊在《镇江市“十四五”制造业高质量发展规划》引领下的“1+4”规划体系，并在“十四五”规划和国土空间规划编制中进行统筹安排；

第三，突出重点抓推进，加速推进实施 G312 宁镇段快速化工程项目，积极主动对接南京产业链，与南京共同打造具有竞争力的产业集群；

第四，创新机制抓推进，坚持深化改革，突破体制障碍，坚持市场主导，政府参与引导，探索构建更加完善的成本分担和利益共享机制。

（3）G312 产业创新走廊主要具体落地事项：

第一，G312 国道宁镇段快速化改造项目。G312 国道宁镇段快速化改造项目是镇江市委市政府坚定西进、融入南京都市圈、支撑宁镇扬一体化的先决项目，是沪宁综合运输通道的重要组成部分、宁镇市域间的快速干线、龙潭港区的集疏运通道、沿江产业带的重要载体。项目路线起点位于 243 省道戴家门交叉口，向西沿 G312 国道老路，经高资、下蜀、宝华至南京交界处，全长 35.12 千米，终点位于宁镇界，顺接 G312 国道南京段。全线采用主辅分离设计，主线采用双向六车道一级公路标准建设，设计速度为 100 千米/

小时；辅道依据所处区域和地块开发强度灵活设置，设计速度为 30～50 千米/小时。计划总投资 20 亿元，2024 年完成。

第二，建设宝华万城青年人才创业园项目。园区位于句容市宝华镇仙林东路 9 号，一期规划建筑面积 3 万平方米，总占地面积 10 平方千米。该项目产业聚焦云计算、大数据、物联网、移动互联等新一代信息技术产业，2021 年末已经入驻各类企业（团队）109 家。创业园园区依托“园中园”方式开展项目招引、园区运营管理等工作，园区内还有五个创业园，分别是躬行众创空间、南京大学大学生创业园宝华分园、南京林业大学水杉创客空间、南京工业职业技术学院大学生创业园宝华分园、南京财经大学大学生创业园宝华分园。项目计划总投资 40 亿元，规划五年后实现年工业总产值产出不低于 100 亿元，实现年税收 4 亿元以上。

第六节　构建“1+3+N”融通创新型产业新格局

在协同发展 G328 产业创新走廊的过程中，扬州必须在建设好产业带的基础上，和域外地区、政府、产业、科技、教育等互通有无，高度协同。而 G328 产业创新走廊的建设，又必须走“1+3+N”的建设方式。

一、“1”：建设 G328 国家级产业创新示范带

以 G328 国道为主轴，依托沿线仪征经济技术开发区（化工园区）、扬州经济技术开发区、扬州高新区、维扬经济开发区、广陵经济开发区、杭集高新区、江都高新区、江都经济开发区等八个重点园区，以资源、交通等要素布局为基础，以“产业+科创”发展为导向，以园区科创载体建设与地标产业打造为重点，以科创平台共建共享机制建设为抓手，以各园区重点产业差异化发展为路径，紧密结合全市开发园区“二次创业”，通过规划、组织、机制、政策等赋能，经过 3～5 年建设，将 G328 产业创新走廊打造成科创资源加速集聚、科创平台密集赋能、重点产业优势突出、全省知名并在全国有影响力的产业创新示范带。

G328 国家级产业创新示范带各板块重点产业定位与发展导向如下。

表 6-3　G328 产创带板块产业发展定位一览表

园区	聚焦产业赛道	重点功能板块	重点依托企业	发展目标定位
仪征经济技术开发区	汽车及零部件、大数据、临江重工、化工新材料	汽车产业园、化学工业园、胥浦产业新城	上汽大众、西门子、新联、安道拓、彼欧、吉凯恩、沪光、泽景、腾讯、电信、中星北斗数据中心、招商局金陵、仪征化纤、瑞祥化工、中化高纤、奥克化学、远东联石化、实友化工、大连化工等	以省级高新区创建为引领，打造产业合作、成果转化的示范区，加快建设成为 G328 创新走廊产业承接的示范基地和先导地区
扬州经济技术开发区	绿色光电、新能源、汽车及零部件、高档轻工	智谷综合体、西交大科技园、扬大科技园、科创城总部、光电产业园、轻工产业园、汽车零部件产业园、新能源产业园、港口物流园、智能产业园	亚普、中集、潍柴、海信、领益、华鹏、川奇、瑞声、晶澳、尤妮佳等	发挥国家级开发区的优势，加快建设科创赋能中心，打造科创载体标杆，尽快形成创新企业集群，争创长三角一流科创新区
扬州高新技术产业开发区	生物医药、新型医疗器械、高端数控机床软件、数字经济	生物健康产业园、金荣科技园、扬州数字经济产业园	扬力、扬锻、金方圆、丰尚、联环、艾迪生物	加快推动扬州高新区数控成形机床国家创新型产业集群试点建设，高水平建设生物医药创新中心，打造生物医药产业创新高地，努力建成集研发、生产、检验检测为一体的国家级科技产业园
维扬经济开发区	汽车零部件、高端装备、新一代信息技术	微电子产业园、德衡数据江苏金融产业园	李尔汽车、罗思韦尔、五亭桥缸套、扬杰科技、振华新云、伟达半导体、艾迪药业、海昌新材	突出扬州主城唯一省级开发区的优势，加快产城融合步伐，锚定高新产业招引大项目，打造高端都市工业园区

续表

园区	聚焦产业赛道	重点功能板块	重点依托企业	发展目标定位
广陵经济开发区	航空、高端装备、新一代信息技术	航空产业社区（广陵经济开发区）、广陵区信息产业服务基地（广陵新城）、航空科创功能区（广陵新城）、亿茂软件信息众创空间	海沃机械、楚门机电嘉和热系统、华光橡塑、宏昌天马、电力修造、扬力铸锻、上扬射频、江新电子、易图地信、咪咕视讯、宇安电子、京东、饿了么、中科软、中科创达、奇安信、翰林亿讯	广陵经济开发区争创国家级开发区，广陵新城发展数字经济产业集群，全力打造制造业“创新高地”和数字经济产业基地，推动本板块成为江广融合区的科创引擎和数字产业化引领区
杭集高新技术产业开发区	航空、高端装备、高端日化	扬州软件园、航空谷、杭盛科技园、国家电网智慧能源双创园、三笑物流园、美业港大厦	沈阳所扬州院、高露洁、倍加洁、三笑集团、两面针、三峰	以航空产业和高端装备等战略性新兴产业为引领，加快发展数字经济和软件信息产业，巩固传统产业优势，加强与江都及广陵的协同联动发展，打造江广融合区中央创新区
江都高新技术产业开发区	汽车零部件、高端装备、智能电网、数字经济	江都汽车产业园、龙川科创中心、亚威智能装备产业园、中科蓝海智能视觉科技园、新加坡广微智芯人工智能产业园、云媒数字空间、江都商贸物流园	九龙汽车、亚威机床、一重数控、金鑫电器、捷凯电力、双汇电力、中节能启源雷宇（江苏）、持清溢环保、江澄环保、广智微芯、中科蓝海、新松机器人、坎德拉机器人、稻源科技、晶华新能源、神州新能源、扬瑞新材、金陵特涂、和光新材料	立足省级高新区建设，不断探索高新区体制机制改革，培育新兴产业生态圈，打造苏中领先、全省知名的科技创新重要枢纽
江都经济技术开发区	特钢、特船、金属新材料、半导体（电子信息）	高新产业园区、生物医药产业园、船舶产业园	中远海运、中船澄西、招商金陵、金陵鼎衡、中信泰富、长青农化、华伦化工、江苏天和	以国家级高新区创建为引领，依托沿江禀赋，打造先进制造业集聚区

二、“3”：布局G328示范带三大核心区

沿G328产业发展示范带布局三大核心区，即宁镇扬毗邻地区合作示范区、国家高新区江苏自贸试验区联动创新发展区、江广融合区中央创新区。

（一）宁镇扬毗邻地区合作示范区

以仪征经济开发区和化工园区为依托，以北沿江高铁仪征北站、宁启铁路仪征站、宁扬城际铁路仪征经开区站为关键交通节点，以吸引和对接南京仙林大学城、江宁大学城等高校及周边科创资源和承接产业转移为目标，大力发展智能及新能源汽车、化工新材料等重点领域，强化南京大学扬州化学化工研究院、江苏奥克化学有限公司等科研院所与龙头企业的科创载体建设。

紧抓南京都市圈重大机遇，聚焦汽车及零部件、大数据、临江重工和化工新材料等领域，以汽车工业园和化学工业园为依托，以南京科创资源吸引和产业重大项目承接为重点，以汽车工业园和化工新材料产业园园区建设为抓手，加大产业公共技术服务平台建设力度，高水平建设科创孵化载体，完善科创孵化载体的配套服务功能，不断优化与南京等走廊沿线区域的产业分工协作与错位互补，积极培育协同创新的科技产业生态，将宁镇扬毗邻地区合作示范区建设成为在全省一流、全国有影响力的区域合作示范区。

（1）实施科创资源集聚工程。积极参与南京都市圈科技资源共享“入网入云”，放大重点企业、高校院所、创新平台、孵化载体、高新园区等科创资源的赋能作用；鼓励与南京大学、东南大学等高校建立战略合作关系，依托重点产业在本地设立高水平研发平台和技术转移机构，与本地企业开展联合攻关。

（2）启动产业承接工程。支持生物医药、新能源、智能制造等产业龙头企业在南京设立研发机构，积极承接南京汽车、医药、信息技术、环保等领域的创新载体、研发平台来扬落户。以汽车及零部件产业和化工新材料产业为先导，探索联合开展科技攻关，推动创新要素自由流动，实现研发在南京，转化在扬州的错位分工、功能互补和产业链的优化格局。

（3）推动共建共享机制建设。积极参与南京都市圈共建科技创新共同体、跨区域共建园区、共享科技统计数据、共推技术市场互通、畅通创新要素流动、打造创新合作品牌活动、深化政产学研金等领域的合作，共建区域产业创新带。探索建立产业转移和承接地间经济指标分算机制，支持“顶山-汉河”跨界一体化发展示范区可持续发展。

（二）国家高新区江苏自贸试验区联动创新发展区

以扬州高新区、扬州经济技术开发区、维扬经济技术开发区为核心，以宁启铁路扬州站、宁扬城际铁路汊河站、朴席站为重要交通节点，重点承载战略性新兴产业领域科研院校、新型研发机构、科技成果孵化机构、检验检测服务机构等产业平台和企业，突出科创平台赋能和产业创新引领示范作用，统筹推进地标产业和战略性新兴产业技术研发、成果转化、人才培养、科技服务工作。推动联动创新区和自贸试验区联动改革、联动创新、联动发展，重点布局发展生物医药、新一代信息技术、新能源新光源、高端装备产业创新载体。

以扬州高新区、扬州经济技术开发区两大国家级开发区，以及主城唯一省级开发区维扬经济开发区为依托，以开发园区"二次创业"和中国（江苏）自贸试验区联动创新发展区建设为契机，以科创园区载体建设、科技产业综合体质态提升为重点，以扬州大学等高校、科研院所及科创型企业为主体，以"研发-转化"创新共同体和利益共同体建设为抓手，不断优化科创载体布局，提升科创平台能级，开展共建共享示范，强化科创赋能，建成在长三角有影响力的科创赋能示范区，打造长三角科创"新坐标"。

（1）实施科技产业综合体质态提升工程。依托智谷科技综合体、西安交大科技园、扬大国家大学科技园、科创城总部经济区、高新区生物健康产业园等园区载体，加快构建完善："苗圃+孵化器+加速器+特色产业园"全链条式孵化服务体系；积极引培先进地区的科创企业、创新创业服务机构和人才资源入驻科技产业综合体；营建宜创宜业的新经济社区，不断提升科技产业综合体质态。

（2）启动园区科创载体创建提升工程。扬州高新区重点提升"生物健康产业园"，扬州经济技术开发区重点提升"光电产业园、新能源产业园及港口物流产业园"，维扬经济开发区重点提升"微电子产业园"。

（3）推动"研发-成果"转化机制建设。强化市、区（县）政策协同，联动探索技术研发、人才引进、产业转移、技术转化等方面政策保障；推动产学研合作，组织企业与大院大所对接，实施关键核心技术"揭榜攻关"和科技人才"揭榜挂帅"行动；探索建立可持续的成本分担和利益共享机制，建立联合开发、联动招商、联手服务的园区合作发展新模式。

（三）江广融合区中央创新区

依托杭集高新区、广陵开发区、广陵新城、江都高新区和江都开发区，以高铁扬州东站为关键交通节点，以吸引上海、苏南等长三角周边科创资源和发展总部经济为目标，重点布局航空、新一代信息技术、新材料、高端装备、智慧能源、新材料、智能网联及新能源汽车、大健康、金融科技等产业创新载体。

放大江广融合区自身在区位交通、生态环境、科创基础等方面的优势，强化对企业、科创机构、人才的招引力度，加强生态科技新城与江都和广陵的协同发展，聚焦航空、高端装备、数字经济、总部经济等产业，以构建科技创新生态体系为目标，加速引领扬州产业转型升级，将江广融合区中央创新区打造成为长三角地区知名的创新生态示范区。

（1）高水平建设中央创新区。加大扬州软件园、航空谷、中集科创金融中心、金奥中心、万洋科创城等科创载体的建设支持力度；配套商住、教育、医疗等资源，探索“科技孵化在城区，产业转化在园区”的利益共享机制，将中央创新区打造成为G328产业创新走廊的科技创新策源地、创新企业总部集聚区、科技金融文化融合区。

（2）实施科技金融强化支撑工程。依托基金小镇，放大金融集聚区作用，招引国内一流的创投机构、券商来扬州发展；充分利用扬州双创基金，发挥政府性资金杠杆作用，吸引社会资本来扬州投资科创产业；探索试点知识产权质押融资，创新与科技型企业贴合的新兴贷款产品，打造扬州科创金融的改革实验区。

（3）强化区域创新协同合作。鼓励“成果离岸孵化”的模式机制探索，支持在上海、深圳等科技创新中心探索设立创新飞地；支持牵头在科创人才引培、成果转移转化、科技资源开放共享等方面率先探索、先行突破，打造区域协同创新示范区。

三、“N”：差异化协同发展多个科创节点

每个重点园区内至少布局一个特色科创载体，最终形成围绕三大核心区

的多科创节点网状体系，推动 G328 产业创新走廊最终成为“533”产业体系的重要集聚载体。

表 6-4 G328 产业创新走廊主要特色科创载体一览表

序号	园区	特色科创载体
1	仪征经济技术开发区	江苏省仪征市科技成果转化服务中心、赛德车创谷、南京大学扬州化学化工研究院、江苏省高性能纤维重点实验室、江苏省农药清洁生产技术重点实验室等
2	扬州经济技术开发区	七二三研究所、扬州光电产品检测中心、江苏省激光应用高端装备创新中心、国汽轻量化（江苏）公司、扬州碳中和技术创新研究中心等
3	扬州高新技术产业开发区	生物医药创新实验中心、高端装备创新实验中心、数控机床研究院检验检测中心、国家饲料加工装备工程技术研究中心、江苏省绿色智能化饲料加工装备重点实验室、江苏省锻压机床工程技术研究中心、江苏省心血管系列药物工程技术研究中心、江苏省兽用疫苗工程技术研究中心等
4	维扬经济开发区	电子信息与半导体检验检测中心、5G 通信创新中心、省功率半导体芯片及器件工程中心、江苏省汽车电子自动化工程中心、江苏省快速整流芯片工程中心、导航与控制技术研究院等
5	广陵经济开发区	东南大学扬州研究院、扬州产业技术研究院、扬州市智能化技术研究院有限公司、沈阳飞机设计研究所扬州协同创新研究院、中航机载系统共性技术工程中心
6	杭集高新技术产业开发区	航空工业沈阳所扬州协同创新研究院、中国航空研究院研究生院、智慧能源创新中心、江苏省中草药功能性日化用品工程技术研究中心、江苏省（金材）功能性高分子复合材料工程技术研究中心、江苏省口腔清洁护理用品工程技术研究中心等
7	江都高新技术产业开发区	扬州市人工智能研究院、扬州大学江都高端装备工程技术研究所、江苏大学扬州（江都）新能源汽车产业研究所、扬州智能视觉研究所、江都区数字经济运营中心
8	江都经济技术开发区	江苏长青农化股份有限公司研究基地、江苏省绿色农药化学与技术工程实验室、江苏省特种无缝钢管材料工程实验室、江苏省特种液货运输船设计与制造工程技术研究中心等
9	瘦西湖科创产业园	北大科技园、服务型机器人研发集成中心、江苏蓝航仿真技术研究院、中易互嘉物联网产业园、瘦西湖科技创新港、瘦西湖生态健康谷等

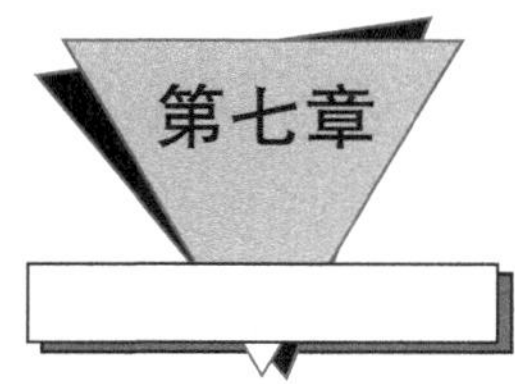

都市圈与G328产业创新走廊的规划

“十四五”后期，为进一步发挥 G328 产业创新走廊在南京都市圈中的功能，扬州市出台了《扬州 G328 产业创新走廊规划》，该规划分别从规划基础、规划目标、核心区规划、载体规划等进行了描述。

第一节　总体目标

一个优秀的规划的核心和灵魂是它的总体目标设定。学术界对国内规划评价最高的就是 2003 年浙江省制定的“88 战略规划”。浙江省的“88 战略规划”指的是中国共产党浙江省委员会在 2003 年 7 月举行的第十一届四次全体（扩大）会议上提出的面向未来发展的八项举措，即进一步发挥八个方面的优势、推进八个方面的举措的中长期规划。

对于《扬州 G328 产业创新走廊规划》来说，其总体目标是：要紧紧围绕长三角一体化、南京都市圈和宁镇扬同城化建设总体目标和战略部署，着力在产业技术创新牵引、科技成果转化应用、产业创新集群发展和产学研用跨区域协同创新等方面大胆试验、积极示范，集聚创新资源、辐射创新动能、彰显创新使命，率先走出一条依托科技创新推动区域发展的新路，加快建设“立足长三角、辐射全国、享誉全球”的宜居宜业宜创的科创廊道，率先建成“经济发达、创新活跃、生态宜居、公共服务完善”的科技创新功能区。

第二节　主要目标

整体规划的具体目标是一组目标群，大约有 26~30 个具体的考核指标。其中，《扬州 G328 产业创新走廊规划》的主要目标有两个。

第一个是到 2025 年，G328 产业创新走廊协同机制要更加优化，创新创业能力和产业竞争力进一步提升。扬州要借助 G328 产业创新走廊，争取进入国家创新型城市的 TOP 20 城市行列，基本建成绿色低碳、智慧品质、人与自然和谐共生的 G328 重要城市。全市高新技术企业、高新技术产业、全社会 R&D 投入强度、企业 R&D 投入强度、每万人发明专利拥有量等主要创

新综合指标实现新跨越。

第二个是到 2025 年，要在扬州市集聚一批高层次科技创新人才、国内外高端研发机构，拥有一流的创新基础设施和功能型平台；涌现出一批引领全国产业发展方向的重大科技成果；培育一批处于产业链和价值链高端环节的标杆型领军企业；集聚形成若干千亿级创新型产业集群。产业创新走廊各项经济社会发展指标达到国内领先水平，将扬州真正建设成为创新活力竞相迸发、创新源泉不断涌现、创新能力强劲、创新成效突出的科技创新创业带中的重要枢纽，增幅 23.5%。

第三节 远期目标

对规划远期目标的设定是一个重大规划必备的战略属性。一般来说，远期目标起码是立足 15 年以上的视野规划。

对于扬州 G328 产业创新走廊来说，远期规划设置在 2035 年。希望到 2035 年，扬州市把扬州 G328 国道科创生态走廊建成互利共赢、协同创新的创新创业生态系统，具备较强的全球人才、技术、资金等创新资源的集聚和整合能力；建立数字经济、生命健康等若干具有国际竞争力的产业集群和分工协作体系；形成数字化、生态化、人性化的人居环境和设施配套系统；成为全面推动宁镇扬一体化和南京都市圈高度融合发展的重要科技创新策源地、东部桥头堡。

第四节 近期目标

近期目标一般是指不超过 5 年，多以一两年内设定的目标。

对于扬州 G328 产业创新走廊来说，近期目标规划到 2025 年。希望到 2025 年，扬州市把扬州 328 国道科创生态走廊在有效的创新体制和跨区域合作机制推动下，政策、金融、市场、服务等创新生态环境日益完善，平台、人才、技术等创新资源得到有效集聚，以数字经济和生命健康为主导的产业体系初步形成并显现较强的辐射带动效应，智慧、绿色、人文的城市生活环

境不断改善，基本形成 G328 产业创新走廊整体协同创新体系。

一、南京都市圈的协同机制基本建立

南京都市圈下协同机制基本建立，各级管理体制和职权进一步厘清，人才、技术、设备、资金等科技创新资源和市场的共享、流动长效机制基本建立，高校、科研机构、企业良性协同创新格局基本形成，重大项目、工程、平台合作推进模式不断优化，形成创新主体高效协同、创新要素顺畅流动、创新资源优化配置的创新创业生态链。

二、创新资源有效集聚

初步形成具有国内影响力的科技创新集聚地，到 2025 年争取集聚国家级重大创新载体 1 家，建设省级众创空间、科技孵化器 5 家，新引进和培育 20 个省领军型创新创业团队。预计每万名从业人员中研发人员人数达到 40 人。

三、创新生态不断完善

适合科创产业发展的推广应用体系、高端产业体系、平台服务体系、标准支撑体系和人才服务体系基本形成，初步建成创新创业生态系统，市县两级建成 40 个以上产业创新服务综合体。覆盖创新创业全链条的多层次、多渠道、多元化投融资支撑体系基本建立。

四、创新能力全国居前

年度主要创新指标达到或超过创新型国家（地区）水平，R&D/GDP 比重超过 4%；科技进步贡献率提高到 72% 以上。每万人发明专利拥有量达到 32 件，PCT 国际专利申请量超过 2 件。前瞻性基础研究、颠覆性技术创新、科技创新成果转移转化等方面实现有效突破，掌握一批事关江苏省产业国际竞争力的关键核心技术，取得若干国际先进的标志性科技成果。

五、产业链能级有效提升

以数字经济为主导，包括生命健康、高端装备、新材料和新能源智能网联汽车等产业地位和产业链条基本建立，各园区在相关领域建立 4~5 家特色产业研发中心。力争高新技术企业总数达 100 家，上市企业达到 30 家，数字经济占 GDP 的比重达到 20%以上，高新技术产业增加值占规上工业增加值的比重超过 80%。

第五节　核心区规划

科创核心区是科创功能发挥的重要条件，也配套着各项重大的科创政策。一个成功的 G328 产业创新走廊，必须有其明确的核心区所在。G328 产业创新走廊的核心（科学城），必须和扬州现有科创资源紧密结合，同时又要具有强地标性以及明显的首位度，要能体现高端创新资源要素集聚，打造出扬州产业技术创新的“中枢”和“内核”。

一、核心区位置的选择

就扬州 G328 国道沿线现有科创资源的布局来看，这个科创核心最好偏西设立，以更高效承接来自 G328 产业创新走廊西端，特别是南京紫东地区以及仙林大学城、江北新区的科创资源辐射。核心区设立不能离汉河枢纽太远，因为众多的城市配套资源支撑在汉河枢纽以东的城区段，如扬子津科教园。

根据国内其他产业创新走廊核心区的经验来看，核心区的面积一般要在 10 平方千米左右。目前扬州还能提供这种规模的供地的，只能在邗江汉河镇。

本课题组经过多次实地勘察走访，与江苏省发改委、南京市发改委、扬州市发改委以及邗江区、仪征市领导同志的多次访谈后，大家达成共识：G328 产业创新走廊最理想位置是在 G328 路南、扬溧高速西侧，201 县道以东、S356 省道以北的区域。

这一地块紧贴 G328、扬溧高速和 S356，并且紧邻未来开通的宁扬城际轻轨，从仙林湖到本核心区的轻轨时间为 35 分钟，实现了半小时交通圈功能。

宁扬城际线路起于仙林湖站，后沿仙林大道-纬地路-尤山路-润阳路-临港路-规划大鹏河路敷设，在双纲河口下游下穿进入长江，过江后沿万年南路-真州路至仪征综合交通枢纽，再转向东南下穿仪扬河，经仪征开发区后向东经过朴席镇，然后折向北进入扬州市邗江区汉河镇，再沿站南路接入线路终点扬州西站（见表 7-1）。

表 7-1 宁扬城际各车站到达时间

车站编号	车站站名	预计用时（分钟）
1	仙林湖站	0
2	栖霞站	3
3	东阳街站	5
4	港城路站	8
5	花园站	11
6	龙潭站	15
7	龙潭东站	18
8	靖安站	20
9	万年路站	23
10	工农路站	25
11	天宁大道站	28
12	仪征开发区站	30
13	朴席站	32
14	汉河站	35
15	站南路站	38
16	扬州西站	40

二、核心区功能的设定

G328产业创新走廊核心区将打造立足产业应用研究，构建三大千亿级产业链条创新生态的“创新高地”。围绕扬州市重大基础科学研究课题和前沿领域，面向产业经济主战场，面向扬州重大需求，优化和重构创新生态链和服务链，争取布局国家级科技基础设施和更多的前沿交叉平台，实现科研成果高效转化，一体化推进“产学研”。将打造立足苏中、面向南京的“开放共享之城”。聚焦新领域，以更大力度集聚一流的国内外科研院所，以更卓越的创新创业生态，引进一批头部企业，吸引一批全球顶尖创新人才。以更加高效的机制推进服务共享、平台共享、成果共享，为科研机构、高校、企业和人才搭建最好合作发展舞台。将打造立足自然禀赋、融合科学人文元素的“美丽人文之城”。秉持“绿水青山就是金山银山”新发展理念，发扬吴文化温润大气、精致典雅的特色，营造更优越的自然生态、创新生态、服务生态，促进绿色生态、科学人文、公共服务融合发展。

G328产业创新走廊核心区（科学城）将成为：

开放共享的区域协同发展典范、生态优先的城市有机生长典范。

传承创新的自然人工共轭典范、创新驱动的产城融合发展典范。

城乡一体的田园都市宜居典范、科技引领的优质人居环境典范。

G328产业创新走廊核心区（科学城）有必要通过国际招标集聚全球智慧，启动扬州科学城概念性城市设计。

G328产业创新走廊核心区（科学城）的“一心三区”规划：

（1）科学研究中心；

（2）科研转化区；

（3）科研人员生活区；

（4）科研商业配套区。

其中，科学研究中心要积极联系中国科学院大学等顶尖科技大学，预计在2030年前，“1年立框架、2年打基础、3年见成效、5年大跨越”，快速形成顶尖科技创新型的大学引领，以科学研究中心为核心，覆盖周边10平方千米的产业创新资源集聚区。

第六节　支撑载体的规划

G328 产业创新走廊的核心区还需要大量的支撑载体，要最终形成一城、八园区、多点、两毗邻区的支撑体系。

一城即 G328 产业创新走廊核心区（扬州科学城）。

八园区为扬州经开区、扬州高新区、维扬开发区、江都开发区、广陵开发区、杭集高新区、仪征开发区、化工园区。

依托上述园区，进一步重点发展专业性的扬州大学产业园、医药产业园、（新型电力等）高端装备产业园、软件产业园、绿色光电产业园（新能源）、汽车产业园、化工产业园、食品产业园、航空产业园、四新机器人产业园等，还要筹建未来科技产业园。

扬州先进制造业发展体系，即汽车及零部件、高端装备、新型电力装备 3 个千亿级产业集群，微电子及软件和信息服务、高端纺织和服装产业 2 个 500 亿级产业集群，海工装备和高技术船舶、生物医药和新型医疗器械、食品产业 3 个百亿级产业集群，重点培育航空产业集群。

对 G328 国道产业创新走廊沿线各市（县）区发展潜力较强的园区平台进行整合，突出产业承载主导功能，以特色化、集约化为发展导向，加强聚类，整合成 323+1 的九大产业园。特色产业园和现代服务业产业园三类园区建设，推动重点园区围绕科创产业，以造链、强链、补链、延链为核心，率先打造标志性现代化产业链。

扬州经济技术开发区始建于 1992 年，1993 年 10 月被江苏省人民政府批准为省级扬州经济开发区。2006 年 10 月，扬州出口加工区正式通过国家九部委联合验收。2009 年 7 月 24 日，国务院办公厅正式复函江苏省人民政府，批准扬州经济开发区升级为国家级经济技术开发区，实行现行国家级经济技术开发区的政策。该开发区管辖面积约 133 平方千米，常住人口约 20 万人，下辖施桥、八里、朴席三个乡镇和文汇、扬子津两个街道办事处。扬州经济技术开发区位于目前全世界经济发展最有活力的长三角地区，地处上海都市区与南京经济区的结合部。区内设有出口加工区、太阳能光伏产业基地、半

导体照明产业基地、汽车装备产业基地、港口物流园区等特色园区，基本形成了以半导体照明为重点的电子信息、太阳能光伏、汽车装备、港口物流等主导产业；有临港新城、朴席生态新城等商务、休闲、生活配套区，投资者创业投资、兴业经商皆能各得其所；有新光源公共服务中心，标准检测中心、设施共用中心、研发协作中心、创业孵化中心等 8 大系统运转高效；有江海学院等高级技术学校，人才资源丰富，技术支撑有力。目前，已拥有中国扬州出口加工区、扬州国家半导体照明产业化基地、国家绿色新能源特色产业基地、国家智能电网特色产业基地、国家火炬计划扬州汽车及零部件产业基地、国家科技兴贸创新基地、国家生态工业示范园区、中国国际人才市场扬州市场、国家循环经济试点单位、国家级高新技术创业服务中心、国家光电产品检测重点实验室等 16 个“国字号”科创载体。

扬州高新区是国家级高新技术产业开发区，位于扬州市区西南部。园区总规划面积约 60 平方千米，辖 9 村 2 社区，已建成 25 平方千米。入驻企业 2 000 多家，其中亿元以上企业 200 家，国家高新技术企业 100 余家，园区综合实力位列全国国家级高新区前 100 强，江苏省前十，苏中苏北首位。经过多年培育和发展，扬州高新区形成了以智能装备、生物科技为主导，以现代服务业支撑的产业格局，主要经济指标保持 25% 以上的年增长速度。目前，园区拥有国家级工程技术研究中心 1 家、国家级企业技术中心 1 家、省级工程技术研究中心 56 家、省级企业技术中心 31 家、国家级博士后科研工作站 7 家。先后获得“国家火炬计划邗江数控金属板材加工设备产业基地”、“国家文化产业示范基地”、“全国知识产权试点园区”、“长三角生物健康产业集聚区”和“科技金融合作创新示范区”等众多国家级和省级荣誉。立足新起点，扬州高新区正全面推进智能装备园、生物健康园、军民融合产业园等主题园区建设，构造了创新创业平台和孵化加速平台，朝着产业高地、创新高地、人才高地奋力前行。扬州高新区重点发展数控智能装备制造、生物科技、新型光电、现代服务业。

维扬经济开发区座落在瘦西湖北，是省级经济开发区。开发区规划总面积 30 平方千米，经过九年的潜心经营，完成了首期境优美、服务周到的新型都市开发区，形成了以机电装备、轻工轻纺、汽车贸易及物流和文化创智

为主体的四大特色产业。

江都经济开发区是1993年11月经省政府批准的省级开发区，2005年12月首批通过国家六部委审核确认。现阶段，开发区“发展速度”、“建设水平”均位列全省112家省级开发区第一方阵。按照省委、省政府统一部署，2003年6月扬州市启动实施沿江开发战略。作为推进主体，2004年5月，开发区管委会整体移师沿江。江都区开发区位于长江以北、宁通高速以南，面积约100平方千米，内设现代制造业基地、滨江科技城、大江风光带等三大功能区，重点发展机电冶金、船舶制造、汽车制造及零部件生产、IT智能机器人、现代物流等五大产业。

广陵经济开发区是扬州第八个省级工业园区，2012年12月15日正式揭牌。十多年来，广陵开发区逐步形成了液压装备、精密机械、汽车零部件、电子信息等四大主导产业。尤其是液压装备产业，广陵产业园成功引进了海沃机械、玛切嘉利、一重科技、巨超重工和三一机械再制造等液压产业龙头项目，以及庚星液压、和源液压、科迈液压等产业配套项目，产品涵盖高精度钢管、液压油缸、活塞杆、液压启闭机、液压成套系统设计、液压泵、液压比例阀和特种车辆等，初步实现了从上游材料到中游部件再到下游应用产品的完整产业链。

杭集高新技术产业开发区位于扬州市生态科技新城杭集镇工业园核心区域，是2016年5月由省政府批准设立的省级高新区，实行省级高新技术产业开发区政策，规划面积5平方千米。杭集高新技术产业开发区被誉为中国牙刷之都、中国酒店日用品之都，2021年工业总产值突破800亿元。目前主导产业是旅游用品、日化新材料、航空、机器人等产业。

仪征经济开发区成立于1992年，约70平方千米，是1993年经江苏省人民政府批准成立的省级开发区，地处我国经济发达、自然条件优越的长江三角洲顶端，宁镇扬三角中心地带，位于集公路、水路、铁路、输气管路、输油管路“五路交汇”的物流枢纽城市仪征市东南部，南濒长江黄金水道，北靠宁通高速公路，东近润扬长江大桥，沿江高等级公路横穿东西，境内长江深水岸线近20千米，是江苏省14个重点发展的开发区之一，2002年被列为江苏省14个重点发展的开工发区之一，2006年荣膺江苏省企业投资最佳

开发区称号。目前，仪征开发区主导产业为新光源、新能源、新材料、电子仪器、各类船舶等。仪征开发区内建有循环经济产业园、节能环保产业园、船舶配套产业园、科技创业园四个特色产业园。

扬州化工产业园区规划在仪征市西南侧，东至仪征胥浦河，南至长江黄金水道，西至南京六合区，北至宁通高速公路，规划占地面积 62 平方千米，分设原料工业区、仪征化纤厂区、精细化工区、物流仓储区、公用工程区、生态建设区和生活配套区等七大区域，实行一次规划、分期实施，有序建设、滚动发展。2003 年 10 月，扬州、仪征两级政府采取“市县联动”的开发模式，共同规划建设了扬州化工产业园区，重点发展石油化工、基础化工、合成材料、精细化工和石化物流等五大产业，着力打造国际化、现代化、综合化石化产业基地。2006 年 5 月 31 日，国家发改委正式发布公告，批准设立省级扬州化工产业园区。

多点即 G328 国道 G328 产业创新走廊沿线的高校、科研院所、重点实验室、工程技术研究中心、企业技术中心、创新中心、新型研发机构等创新资源，突出科技研发、创新孵化、文化教育等功能，强化高层次人才汇集、高水平高校院所集聚、高品质服务供给，推动形成载体平台互联互动、功能定位合理清晰、组织建设高效持续的发展格局。

多点建设中，最重要的是扬州广陵生态科技新城。扬州市生态科技新城于 2013 年 11 月成立，位于扬州城市新中心江广融合地带，下辖杭集镇、泰安镇两个镇，常住人口约 10 万人，总面积约 81 平方千米，分为南北中三个部分。南部是 G328 沿线杭集产业园片区，主导产业是牙刷及其延伸的酒店日用品、包装材料、卫生用品等，科技创新含量不足。中部是科技新城板块，指新万福路以南、G328 以北区域，重点发展软件信息服务业、科教创新产业、智慧服务业等，落地 G328 核心科技产业。北部是被称为“七河八岛”的区域，由七条河流及由其分割而成的八个岛屿组成，被称为扬州的“绿肺”。

以构筑新型孵化模式为核心，以激发创新创业活力为主线，以集聚创新创业资源为途径，培育“专业化、全功能”的孵化机构，打造“双创”升级版，打造成为南京都市圈具有影响力的“科技企业孵化之城”。

两毗邻区指：在仪征枣林湾西侧扬州园博园的南侧，建立第一个 G328 产业创新走廊毗邻区，该毗邻区与南京紫东孟北遥相呼应，直接承接一些创新产业的转移，重点关注康养与大健康产业。在邗江汉河南部、长江北部设立第二个毗邻区，重点承接来自镇江工业园方向的科创外溢，注重打造镇扬一体化建设。

第七节　建设投资

G328 产业创新走廊建设的项目投资是规划的核心问题，牵涉建设总投资的测算以及资金来源问题。

一、总规模测算

根据紫东科创城的投资总额，项目在建设期内的建设总投资 200 亿元，其中，拆迁等前期投资 10 亿元，路网、绿化、水电等基础建设 20 亿元。中期项目投资成本主要是四大功能区建设成本，大约在 150 亿元。后期成本主要是人才环境配套成本，约 20 亿元。紫东科创城建成后，每年继续财政投入 2 亿元科研经费、1 亿元人才引进补助。当然，紫东科创城目前每年给南京带来的回报率要远远地大得多，仅土地一项，就实现了土地增值 2 500 亿元以上。

国内太湖湾科创带总投资在 300 亿元以上，G60 科创带总投资在 500 亿元，其中嘉兴科创城就投资了 150 亿元。

以上科创走廊项目为扬州产业创新走廊的投资提供了积极的参考。对标南京紫东新区，扬州 G328 产业创新走廊总投资如果是一半的话，大概在 100 亿元左右。其中，政府前期投入不超过 10 亿元，90%以上即约 90 亿元的投资可以通过商业投资的方式来解决。

二、项目资金筹措

科创走廊投资资金主要来源还是靠企业参与，政府投资主要是在前期，到后期功能区建设主要就由企业参与。政府投资为一般公共财政支出和政府专项债资金。而科创核心区建成后会给地方政府带来丰厚的土地增值以及大量产业税收和就业。

第八节　建设土地及指标

G328 产业创新走廊西部毗邻区由仪征市建设。这一点，仪征市有着强烈的建设意愿。扬州市政府只需要给仪征市相应的政策。目前，仪征积极希望在枣林湾西侧提供土地以及土地指标开建 G328 产业创新走廊毗连试验区。

G328 产业创新走廊南部毗邻区由邗江区建设。目前邗江区对于在汊河镇建立毗邻区还是很有积极性的，但邗江区的土地可以出，土地指标却比较紧张，需要扬州市来协调。

至于核心区建设，最优位置是坐落在邗江区。目前，邗江建设用地指标还是相当紧张的，土地本身可以通过规划调整调出来。由于 G328 产业创新走廊是一项事关扬州市发展全局的工作，建设核心区的规划用地指标需要市里来解决。

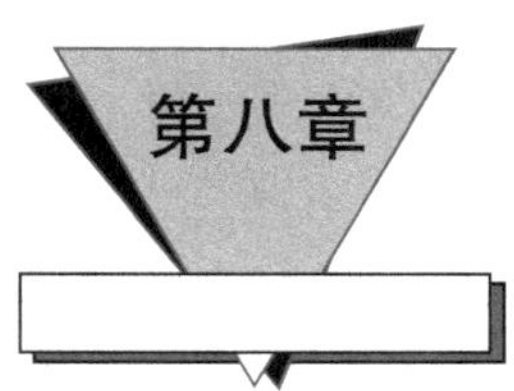

研究结论和政策建议

通过对前述研究进行总结，形成了总体性的研究结论。在研究结论的基础上，进一步提炼出可供地方政府操作的相关政策建议，以更好地发展产业创新走廊，紧密融入核心都市圈。

第一节　研究结论

对于本研究，初步形成的研究型结论如下：任何都市圈的真正形成，都不能是“孤岛”，一花独放不是春；都市圈必须是城市群的合体，在这个城市群之中，有一个超大城市处在核心，通过辐条一样的产业创新走廊把核心超大城市和周边的各个卫星城市进行链接；核心大都市必须能起到区域经济发动机的功能，要能够通过核心都市来带动各个周边卫星城市的经济发展，起到经济的辐射效应而不能仅仅是聚集效应、虹吸效应，否则周边卫星城市不仅不会和这个核心都市协同发展，甚至还会抗拒性进行差异化发展。

此外，对于都市圈和产业创新走廊建设来说，有以下六点结论总结参考。

一、强化资源链接、创新合作，加快集聚高端创新资源

（一）链接长三角创新资源

一是探索飞地创新合作平台，通过飞地经济、异地孵化、结对共建等模式，链接长三角创新资源。发挥扬州制造业本土优势，在上海、南京等科创资源聚集地探索设立沪扬科创中心、宁扬科创中心等载体平台，打造扬州与上海等地科创合作的“桥头堡”。充分发挥科技创新联盟作用，探索与创新资源富集地的共建共享合作模式。二是推动科技大市场与长三角“三省一市”、南京都市圈技术交易市场以及其他国内外技术交易网络节点的互联互通。推动科技与资本对接、企业与人才对接、成果与市场对接。探索科技大市场体制机制改革，健全市场化、规范化、个性化的科技成果转化利益分配机制。三是构建重大技术需求的“揭榜挂帅”机制。支持企业技术创新需求通过“揭榜比拼”方式，面向社会公开征集解决方案的创新手段。推进“揭榜挂帅”，加速科技成果转移转化。持续推进与省科技资源统筹服务中

心合作开展科技人才“揭榜挂帅”助企专项行动。四是注重现有科创网络资源的对接与集成。建设扬州科创资源云平台系统，充分对接长三角科技资源共享服务平台、江苏省科技资源统筹服务中心、南京都市圈科技创新生态图谱、长三角创业地图等网络科创资源。

在 G328 产业创新走廊要实施好“揭榜挂帅”合作机制，大致的具体流程有以下几个方面。

1. 遴选发榜企业

选取可代表扬州参与区域产业竞争、技术实力强、产品在国内市场有领先优势、具有产业链供应链整合构建能力的领军企业作为发榜单位。发榜单位需向揭榜单位提供合作研发经费和场地、设备等测试研发条件，并开放供应链和应用场景等资源。

2. 明确技术需求清单

发榜企业提出技术攻关需求，明确研发要求、交付成果指标及具体参数。鼓励多个企业联合提出共性技术需求。由行业专家对技术方向和具体指标进行评估，综合评价需求的产业共性、技术挑战性、应用急迫性，同时考虑经济成本和时间周期后，择优确定技术需求榜单。

3. 揭榜挂帅

根据技术项目特点及发榜企业意愿，采取“揭榜挂帅”或小范围邀标制等发布技术需求榜单，面向全国遴选揭榜单位。揭榜单位应制定技术攻关方案，明确技术研究路线、资源组织策略和进度安排等。

4. 组建创新联合体

发榜企业组织行业专家对揭榜单位进行遴选，确定揭榜单位，复杂项目可多单位联合揭榜。根据发榜企业意愿，采用赛马制，进行“背对背”研发攻关。揭榜单位与发榜企业达成意向后签订合作协议，由发榜企业牵头组建创新联合体。

5. 组织实施联合攻关项目

建立首席技术官负责制，揭榜单位与发榜企业双方投入研发资源开展联合攻关。产品验证测试通过后，发榜企业应将相关技术产品纳入企业自身供应链，实现创新产品首次规模化市场应用，形成安全的供应链体系。

（二）嫁接科技金融资源

一是鼓励商业银行在G328创新走廊科创中心设立科技支行等科技金融专营机构，开展信用贷款、知识产权质押贷款、股权质押贷款、履约保证保险贷款等融资业务。支持金融机构在授信审批、贷款利率、融资增信等方面为G328创新走廊内高新企业定制针对性金融产品与服务，大力推广差别化金融服务。鼓励商业银行等对科技创新创业活动给予有针对性的股权和债权融资支持，更大范围、更大力度地支持创业创新。二是加快引进股权投资机构和科技银行、金融租赁、供应链金融等间接融资机构，全面布局融资担保机构、保险信托机构、信用评级机构、会计师事务所等科技金融中介机构，积极引入聚集科创金融资源。三是加速培育本地金融机构，创新企业直接融资平台、产业升级金融服务平台、小微企业金融扶持平台，全面改善本地科技型企业融资环境。三是加大科技金融信息化平台建设。探索搭建G328产业创新走廊科技企业投融资大数据中心，并接入江苏省金融综合服务平台，定期更新企业信息、科技金融政策、银行信贷创新产品等数据信息，建立安全、高效的数据传递和管理平台。

（三）承接高端人才资源

加快产业创新人才高峰建设，通过给予专项资金资助、落户绿色通道、人才公寓优先推荐申报、健康医疗绿色通道等支持，积极引进培育产业发展领军人才、科技创新杰出人才。强化市场发现、市场认可、市场评价的引才机制，积极发挥院士专家工作站的技术引领作用，加快引进区内产业创新紧缺人才。优化各类创新人才培养机制，对创新能力突出、创新成果显著的产业创新人才给予持续稳定扶持。此外，创新高端人才柔性引才引智机制，支持各类高端人才带项目或者通过技术合作、技术入股等方式到G328产业创新走廊创办企业。

（四）连接本地科技资源

建设扬州市科技资源统筹中心等重点服务平台，打造综合性、多功能、开放式，内容涵盖信息共享、人才引进、技术转移、资本对接、资源链接、科技中介等服务功能于一体的科技创新公共服务平台，促进实现资源、数据、服务和科技管理的互联互通和开放共享，实现域内科研仪器设备、科技

信息互联互通、共享共用。

二、推动载体提级、主题提档，打造承载要素的优质平台

（一）聚焦特色优势产业，打造特色鲜明的园区科创平台

进一步明晰走廊各个重点园区的特色优势产业，并围绕该产业将重点园区打造成产业特色鲜明的科创园区。仪征经济开发区、化工园区围绕化工新材料、大数据、临江重工和汽车及零部件产业创建，扬州经济技术开发区围绕高端装备和新能源新光电产业创建，扬州高新区围绕高端装备和生物医药产业创建，维扬经济开发区围绕汽车及零部件产业和新一代信息技术创建，广陵经济开发区围绕高端装备和新能源新光源创建，杭集高新区围绕航空产业和高端装备产业创建，江都高新区围绕高端装备和汽车及零部件产业创建，江都经济开发区围绕金属新材料、海工装备和高技术船舶产业创建。预计到 2025 年，建成 8 个特色鲜明的产业园区，培育特色优势产业上市公司 5~7 家，独角兽企业 1~2 家，瞪羚企业 30~40 家；新增省级及以上重点实验室 2 家；新增国家级创新平台 1 家，省级新型研发机构总数达 20 家。扬州高新区在国家级高新区位次排名前 30 名，省级高新区位次平均前移 5 名，R&D 投入占地区生产总值比重达 3. 5%以上，科技进步贡献率达 72%。

（二）立足特色优势产业，发展一批研发孵化载体

在各重点园区，按照“一幢楼宇、一个产业、一个团队、一支基金”的思路，盘活创新创业载体。在走廊区域内引培一批技术转移机构或分支机构，布局一批专业服务机构，推进“技术市场+众创空间”“技术市场+孵化器”等服务平台建设。支持龙头骨干企业、科研院所、高校、新型研发机构、投资机构等主体建设专业孵化器。逐步建立和完善创新项目的发现、评价、筛选、培育机制，构筑“众创空间—孵化器—加速器—产业化基地”链条，积极开展垂直孵化和深度孵化。预计到 2025 年，在每个重点园区高水平建设一批研发孵化载体，省级及以上众创空间达 70 家，省级以上孵化器 35 家。

（三）依托产业龙头企业，建设高水平企业研发平台

以特色优势产业的龙头企业为主体，支持其在完善“三站三中心”服

务功能基础上，面向产业链共性关键核心技术需求，建设一批新型研发机构，在集群重点产业链优先建设国家级、省级产业（技术、制造业）创新中心。支持产业链龙头企业建设省级以上企业工程研究中心，构建多层次技术创新体系。力争在每个特色优势产业都形成省级及以上研发中心和平台，在地标产业打造国家级研发平台，并建成完整的科技创新研发平台体系。到2025年，走廊内获批江苏省研发型企业3家。

（四）强化科创服务体系支撑能力建设

产业园区要加大对重大创新平台、新型研发机构、科技服务机构的财政资金支持力度。加速扩大科技服务业规模，发挥好现有平台优势，集聚一批产业，解决一批关键核心技术，打造一批高水平科创平台。深挖潜力企业，引导企业建设研发机构开展自主创新。不断深化市校合作，合作共建一批省内一流、国内外有影响的重点实验室、工程研究中心和研究院。做强科技服务业品牌，推动科技服务机构向专业化、品牌化发展。引导科技服务业机构特别是政府主导的事业型科技服务业机构，深化市场化机制改革，面向市场完善线上线下相结合的服务功能。加大人才引培力度，打造一支结构合理、创新能力强、覆盖领域广的科技服务人才队伍。到2025年，走廊科技服务业规模达700亿元。

三、实施地标攻坚、特色攻关，夯实科创体系的产业根基

要把高端装备产业打造成地标产业。发挥高新区智能装备产业园的引领带动作用，以扬州人工智能研究院、扬州大学江都高端装备工程技术研究所、扬州智能视觉研究所、江苏省（扬州）数控机床研究院、北京机电所精密成形技术创新中心等科创平台为支撑，以亚威机床股份有限公司、江苏牧羊集团有限公司、扬州锻压机床有限公司、江苏丰尚智能科技有限公司等龙头企业的重点实验室和企业技术中心为重点，围绕高端数控机床、饲料粮油机械、工程液压机械、节能环保装备、工业机器人、增材制造等领域，推进重大装备与系统的技术攻关、工程应用和产业化，加快发展工业机器人、增材制造等重点领域，将高端装备产业打造特色更加鲜明、竞争优势更加凸显的全市地标产业。预计到2025年，走廊高端装备产业产值达到1 000亿

元，新创成国家级创新平台 1 家，规模以上高端装备企业实现省级以上研发机构全覆盖。

高端装备产业培强工程主要围绕以下几个方面。

（一）攻关关键核心技术及零部件

围绕核心基础零部件、关键基础材料、先进基础工艺、产业技术基础等关键领域，把握产业发展的技术供给需求，有序组织实施工业强基工程和关键技术攻关工程，重点推动高性能电主轴、丝杠、导轨、轴承、刀具等高端数控机床基础零部件，精密减速器、高性能控制器、高精度伺服系统、传感器等高端装备核心部件加快实现自主研制和国产化替代，全面提升产业基础高级化和产业链现代化水平，实现产业链与创新链的深度融合发展。

（二）立足重点技术发展领域

1. 数控机床

大力发展数字化协同设计及 3D/4D 全制造流程仿真技术、精密及超精密机床的可靠性及精度保持技术、复杂型面和难加工材料高效加工及成形技术和 100%在线检测技术。在重载锻压方面重点突破重载抗偏载多工位设计技术、重载伺服主传动驱动及控制技术、重载高能热模锻结构构型技术、并联系统动态高刚性技术、高速精密压力机床身高刚性技术、滑动轴承的动静压结合的曲轴复合支撑技术、肘杆驱动与冷锻工艺技术；在激光加工方面重点突破可柔性编程的激光切割 CAM 技术、大功率智能化激光制造技术、快速自动上卷送料技术；在智能制造方面重点突破钣金装备物理信息健康诊断模型技术、智能制造生产线系统集成控制技术、智能生产排程技术、智能分拣码垛技术。

2. 饲料粮油机械

聚焦突破无人化、智能化饲料生产技术，饲料加工成套装备的大型化、智能化、绿色化技术，高效智能化油脂机械、淀粉机械及发酵机械的设计与制造技术，紧密融合电子控制技术、传感器技术、监测技术和网络技术，创新研制智能化饲料加工生产线和成套装备、绿色化饲料加工单机设备、智能化高端油脂装备等产品。

3. 工程液压机械

重点发展新型自卸车智能型机电液一体化挖掘机、装载机、混凝土搅拌、液压和气压动力机械设备。依托龙头企业，综合运用现代传感技术、数字通信技术等先进技术，重点研制 Smart 液压系统、多功能顶开启系统等精密液压核心部件。

4. 节能环保装备

重点开发新型脱硫脱碳脱硝装备、高效水处理设备、高效节能机电设备等关键技术装备。

5. 工业机器人

重点突破高可靠智能分拣技术、工业 CT 快速三维重建技术、基于神经网络算法的缺陷自动检测技术、高精度智能化集成应用一体化控制技术、钣金送料机器人折弯跟随控制反馈校正视觉定位等关键核心技术。创新研制折弯、激光、锻造、码垛、龙门式直线工业机器人等产品。

6. 增材制造

加强 3D 打印耗材、3D 打印设备、3D 打印工艺等技术研发，重点突破功能合金、金属间化合物、低缺陷金属粉末、高性能聚合物、陶瓷材料等增材制造材料制备关键技术，高可靠大功率激光器、高精度阵列式打印头、智能化实时监测、新型 3D 数据采集系统等增材制造关键设备设计制造技术，复合打印、多材料打印、液态金属打印、移动式打印、梯度打印等增材制造先进加工工艺及关键设备制造技术，以及面向高技术领域的高效率、高精度、低成本、批量化增材组合制造关键技术和大数据智能化设计制造软件系统。

（三）加大重大装备应用示范力度

加大支持首台（套）重大装备及关键部件开拓市场，鼓励用户采用自主创新重大装备，支持技术含量高、市场前景好、替代进口效果明显的首台（套）重大装备及关键部件产品，研究实施首台（套）重大装备及关键部件推广应用工程示范项目。加快推进数字化技术在企业研发设计、生产制造、物流仓储、经营管理、售后服务等关键环节的深度应用，形成一批智能制造高端品牌和制造基地。

（四）加快特色优势产业创新发展

1. 航空产业

以沈阳所扬州院和机载共性中心等龙头科创项目为依托，以航空协同创新为重要抓手，聚集航空研发与配套优势资源，围绕航空关键技术领域，加快布局整机制造和系统集成、机载系统、无人机等产业，加快构建研发驱动、逐级拓展、互为支撑的产业布局体系。发挥中航研究院研究生院在科创上的带动作用，通过奖励、专项资金配套等方式，支持各类创新主体积极承接国家、省、市级航空领域重大科技攻关项目。以广陵航空双创示范基地和配套产业园区、生态科技新城航空谷、江都空港新城等航空产业园区为依托，针对“材料-零部件-组件-系统件-整机”航空制造产业链，着力引进航空机载系统、关键零部件、无人机和航空材料等制造型企业。针对整机研制、核心装备、航空材料等方向，重点引进国家和省级重点实验室、检验检测中心等研发设施。对按照国家级、省部级重点实验室标准建设的项目，以及由国家科研机构或央企在走廊设立的实验室给予专项政策支持，并为引进创新型企业、创新型人才提供多样化、一站式服务的科技产业综合体等服务。

加快构建“1+2+N”（一核引领、两基地协同、多点联动）布局体系，即以江广融合区为核心，以航空谷、机载共性中心园区、中航工业大厦等项目为依托，重点承接航空科研机构实体、产学研机构及配套研发企业，发挥创新引领示范作用，打造航空产业高能级化与示范化发展的核心区。以推动全市航空企业集聚发展，打造航空产业小型“园中园”，构建民航、通航互为补充的空中运输通道和多点协同额航空产业发展格局。

打造“3+M+N”航空协同创新体系（沈阳飞机设计研究所扬州协同创新研究院、中航机载系统共性技术工程中心、中国航空研究院研究生院+若干高校、科研院所+若干科创企业），建设集科技咨询、创新创业、科技人才和成果转化服务于一体的航空科技企业孵化器。

产业园区航空产业重点发展领域如下：

（1）航空装备制造。在场景化试飞适航、新型气动布局、高超声速设计等航空高新技术领域，推动研发能力向新型无人机、通用飞机等整机型号

延伸；加快推进现有小型通用飞机研发生产项目，拓展通用航空制造能力；开展航空新材料、核心零部件装备制造的研发设计。

（2）机载系统。聚焦航空机载系统的智能算法、显示、集成电路、可靠性安全性等前沿领域共性技术，打造机载系统研制创新高地；搭建民用航空机载研发云平台，服务研发设计；开展飞行控制系统、液压系统、燃油系统、通信系统、导航系统等机载核心设备的研发。

（3）泛航空领域基础技术。重点支持高端装备制造、智能制造、光电信息、新材料等基础制造产业向航空领域延伸，打破技术壁垒，突破技术瓶颈，推进其他先进制造业与航空产业深度融合。

（4）无人机技术。重点发展军民两用无人机研制，突破新型无人机的整机设计制造关键技术；拓展无人机产业链条，招引无人机通信、控制等领域研发平台落地；开展物流无人机的研制，依托顺丰、阿里、京东等企业，建立运营试点。

加快推动同中航系企业合作，共同探索和建立与地方企业长效合作机制，加大政策和项目支持力度，促进来扬企业发展壮大。支持建立航空科技产业创新联盟，加快建设航空产业科技研发孵化平台、共性技术攻关平台、航空产业信息对接平台等产业创新平台，促进政产学研联合创新，切实提高技术创新能力，打造航空全产业链创新生态。

2. 生物医药产业

重点布局建设扬州高新区生物健康产业园，依托中国药科大学、上海药化所和邗江生物医药创新实验中心等科创平台，优先发展抗体药物、新型疫苗、基因治疗、细胞治疗等高科技含量、高附加值、高市场竞争力的生物医药制品及化学创新药，加强研发具有自主知识产权的高端医疗器械。预计到2025年，走廊区域生物医药产业规模达120亿元，国家高新技术企业达80家、科技型中小企业培育入库数120家。

3. 新一代信息技术产业

依托江苏信息服务产业基地、仪征大数据产业园、扬州软件园、江都数字经济产业园、扬州智谷建设、转型、创新步伐，支持邗江建设数字经济产业园。壮大园区产业规模，支持以大数据、云计算、物联网、5G通信、区块链、人工智能、虚拟现实等为代表的数字经济发展壮大。预计到2025年，培育国家高新技术企业180家、科技型中小企业280家，组织实施产业前瞻关键共性技术攻关项目48项以上。

4. 新材料产业

重点布局仪征化工园区、扬州经济技术开发区、江都经济开发区等重点园区，依托南京大学扬州化学化工研究院、国汽轻量化技术研究院等科创平台，以仪征化纤、中化高性能纤维、新马新材料、扬州特材、龙川钢管、诚德钢管等重点企业为牵引，重点支持化工新材料、环保新材料、高性能材料、半导体材料及金属材料发展。支持新材料生产应用示范、测试评价、资源共享平台建设。形成新材料产业基础研究、应用技术研究和产业化紧密衔接的产业创新体系。到2025年，培育国家高新技术企360家、科技型中小企业500家，组织实施产业前瞻关键共性技术攻关项目和重大科技成果转化项目80项以上。

5. 新能源新光源产业

依托扬州经济技术开发区、广陵经济技术开发区等重点园区，加快重大项目招引，推动企业产业链向上下游延伸，提高新能源新光源产品技术水平，为太阳能光伏产业链及半导体照明产业链进一步补链强链。依托扬州碳中和技术创新研究中心，推动开发区“双碳”相关产业发展，重点聚焦新一代光伏技术、储能技术、新能源制造装备、新型电力系统技术等开展关键技术攻关。规划整合新能源、新光源产业体系，加快新能源、新光源产业集聚。到2025年，培育国家高新技术企业250家、科技型中小企业360家。

6. 汽车及零部件产业

聚焦“电动化、智能化、共享化、低碳化（轻量化）”的技术发展趋势，重点布局仪征经济开发区、维扬经济技术开发区、江都高新区等重点园区。在依托国汽轻量化技术研究院、中汽研扬州汽车工程研究院等科创平台的基础上，以上汽大众仪征分公司等整车龙头企业为牵引，依托亚新科活塞环、潍柴扬柴、亚普、中集通华、扬杰科技、李尔汽车、易图地理等重点企业，抢抓新能源汽车、智能网联汽车换挡升级机遇期，推动企业加强产品设计与研发。在电动汽车的电池、电机、电控等主要零部件，燃料电池汽车的

电堆、空压机、循环泵、碳纸等主要零部件，传感器、车载芯片、中央处理器、智能驾驶辅助系统、车载操作系统等汽车电子产品以及汽车轻量化技术的研发和应用上实现突破。到 2025 年，培育国家高新技术企业 320 家、科技型中小企业 440 家，组织实施产业前瞻关键共性技术攻关项目和重大科技成果转化项目 80 项以上，新增省级以上企业研发机构 48 家。

7. 海工装备和高技术船舶产业

重点布局江都经济技术开发区、仪征经济开发区，以发展特种高技术、高附加值远洋船舶为重点，在海工装备及船舶动力系统、机电控制设备、通信导航系统等环节上不断突破，不断提高产业发展的层次、质量和效益，努力打造现代化造船基地。发展新能源、高效能、高安全的系统技术与装备，重点发展海洋工程装备、高技术船舶与特种船舶、船舶配套，完善扬州海工装备和高技术船舶产业核心技术体系。到 2025 年，新增国家高新技术企业 40 家、科技型中小企业 64 家，新增省级以上企业研发机构 8 家以上。

四、推动存量做强、增量做大，突出企业创新的主体地位

（一）重点培育优势产业科技领军企业

产业创新走廊要聚焦高端装备、航空、新一代信息技术等重点产业和领域，支持江苏牧羊集团有限公司、扬力集团股份有限公司、扬州锻压机床股份有限公司、江苏亚威机床股份有限公司、仪征亚新科双环活塞环有限公司、迈安德集团有限公司、中航机载系统共性技术有限公司、沈阳飞机设计研究所扬州协同创新研究院有限公司、扬州扬杰电子科技股份有限公司等一批科技领军企业牵头承担国家、江苏省部级科技重大专项，面向科技领军企业技术创新需求组织实施省级科技重大专项，支持科技领军企业“揭榜挂帅”，组织开展底层技术、关键材料、核心部件、重大产品等科技创新。支持科技领军企业建设企业重点实验室、技术创新中心、产业创新中心、制造业创新中心等重大创新平台。支持科技领军企业建设引才引智示范基地、设立首席科学家岗位，加快引进国内外高层次科技人才。到 2025 年，江苏省级以上企业研发机构数量新增 50 家，推动规上工业企业研发经费年均增长率超 12%，研发人员占从业人员比重达 8%。

（二）梯次培育高新技术企业集群

产业创新走廊要聚焦航空、生物医药、新一代信息技术、金融科技等613产业集群，着力战略性新兴产业领域，按照“科技型中小企业–高新技术企业–瞪羚企业–独角兽企业”的培育体系，进一步完善科技型中小企业培育库，通过优化各类企业公共服务平台、安排专项资金、完善政府采购政策等方式，大力培育发展高新技术企业。优先支持掌握核心技术的“硬科技”骨干企业，发展为独角兽科技企业。鼓励和推荐优质的高新技术企业、高成长性企业、科技型中小企业上市融资。支持符合条件的企业纳入省科技企业上市培育计划，助推优质科创企业赴境内外上市融资。到2025年，走廊内新培育上市公司5~7家、独角兽企业1~2家、瞪羚企业30~40家、高新技术企业达2 200家。

（三）招引科技型创新企业来走廊落户

要支持“两招引”和“三落地”的创新型企业优先落户G328产业创新走廊。引进具有国际竞争力、产业引领力的总部、龙头科技企业，支持走廊内外资科技企业升级设立跨国地区总部，优先支持航空、生物医药、新一代信息技术、高端装备、金融科技等企业入驻。鼓励区内龙头科技企业收购、兼并、重组上下游产业，带动产业强链补链，持续引领行业创新，推动重点领域集约式发展。到2025年，走廊区域新招引科技型企业700家。

（四）招引科创项目来走廊落户

产业创新走廊要强化市科创基金的引领作用，优先支持重大科创项目落户走廊。发挥走廊特色优势产业的制造优势，支持加速器产业化基地建设，充分放大走廊在科创项目产业化环节的优势，吸引孵化器和加速器项目来走廊落户。强化孵化器的服务功能，推动孵化器从业人员由管理向服务的转型，增强对科技成果类项目的吸引作用。到2025年，走廊区域形成一批能够落地转化并引领发展的高端项目。

五、推动走廊共建、成果共享，探索各方踊跃创新的模式

（一）推进走廊共建共享机制建设

在产业园区共建方面，建立走廊财政共同投入机制，共同出资设立走廊

投资开发基金，统筹用于产业创新走廊开发建设。探索绩效评估体系与税收转移分成机制，实现创新财政收入的共享。依托现有城市投融资平台，共同组建投资开发公司，实行市场化运营、财务独立核算、自主经营、封闭运作，参与走廊的开发建设、产业培育、投资运营等专业化服务。强化市、区（县）政策协同，联动探索技术研发、人才引进、产业转移、技术转化等方面政策保障。鼓励走廊外县（市）参与走廊建设，依托走廊在空间资源、人才资源、科技资源、资金资源等方面政策优势，探索以股份制形式或“飞地”模式参与共建。共享方面，探索建设产业科技共享平台，面向走廊所有企业开放，推动科研仪器、科研设施、科学数据、科技文献信息资料等科研资源共享；鼓励产业创新走廊内大数据企业与传统行业开展技术和数据对接，共同探索多元化合作运营模式；探索建立可持续的成本分担和利益共享机制，建立联合开发、联动招商、联手服务的园区合作发展新模式。

（二）强化科技金融服务机制建设

产业园区一是鼓励金融机构优化服务流程，向高科技创业企业提供更加便利优质的结算、融资、理财、咨询等一站式系统化的金融服务。建立一套集企业、投资机构备案和补贴线上申请、审批、发放一体的科技金融服务平台，满足企业诉求。二是建立科技型中小企业信贷风险分担机制。探索G328创新走廊科技信贷风险池与预警机制，提高科技型中小企业贷款风险补偿能力。发挥政府在信贷风险分担中的主导作用，对域内各银行业金融机构为符合条件的科技型中小企业发放贷款提供风险损失补偿。三是探索科技型中小企业成长性评价和监控机制。强化G328产业创新走廊创投风险的识别。可依托扬州产业经济研究院等部门对企业的成长性进行识别与分级，选出有发展潜力的科技型中小企业，优先给予政策、金融、空间等资源支持，精准培育孵化区域内优质中小型企业。四是探索启动科技保险试点工作。优化科技保险产品，对产品研发责任保险、产品质量保证保险等多个险种开展保费补贴，重点支持企业围绕新产品、新技术和新工艺开展研发活动，分散企业在技术研发、成果转化和产业化过程中存在的风险。为优质早期高新技术企业打造专属“投保”联动产品，以投带保、以投促保。推动一批具有核心竞争力、撬动性强、成长性好的重大科创项目落地G328创新走廊产

业带。

（三）支持领军企业牵头组建创新联合体

产业创新走廊要联合省产业技术研究院，引导支持产业链龙头企业，按照自愿、互利原则，联合高校院所、科研机构聚焦扬州高端装备、航空、生物医药、新一代信息技术等特色优势产业领域，协同上下游，组建企业联合创新中心，共同开展技术联合攻关。依托国汽轻量化技术研究院、北京机电所精密成型技术中心、扬州人工智能研究院等平台组建相关产业创新联盟，推动科创平台与关联企业的深度对接。鼓励和支持创新联合体在G328产业创新走廊内技术创新中心、科技产业园、双创示范基地等集聚落地；对选择远程合作研发的联合体，鼓励采用“互联网+”“智能+”“区块链+”等开放式模式方式平台。在科研资金、税收激励、专利审查等方面给与企业创新联合体以定向政策支持。一是设立专项科研资金，支持企业创新联合体进行基础研发。设立产业科创基金，为企业创新联合体提供长期稳定资金支持，以创新种子基金、创新驱动母基金和股权基金等形式，鼓励投小、投新、投早。同时发挥市、区（县）财税政策的激励作用，制定相应配套政策，与市级财政资金形成集成联动。对建立省产业技术研究院企业联合创新中心的，由市、区（县）两级财政按照1∶1的比例对省拨经费进行配套支持。同时，发挥政府资金的杠杆作用，有效撬动企业、社会资金更多投入科研。实现政府资金侧重基础研发、企业及社会资金积极参与、有序分工的长期资金支持体系。健全多层次投融资服务体系，利用产业基金、知识产权证券化、科创资金、股债联动、政府增信、产业链融资等方式完善综合金融服务模式。二是丰富财政补贴和税收减免形式。对企业研发费用采取税前加计扣除，对基础研发费用合理扩大加计扣除范围，对纳入政府重大攻关范围的研发可进行事前补贴、事中补贴和事后奖励等政策。建立快速审查、快速确权、快速维权的“绿色通道”，对创新联合体有关专利优先审查，提高成果转化效率。三是支持走廊成员单位探索建立包括内部立项、绩效奖励、经费保障、成果共享等具有可操作性的运行机制。聚焦扬州产业核心和高效共性技术突破，支持创新联合体申报项目，并进行任务分解，提出“项目包”、研发清单和成果目标，形成科技新产品、新工艺、新技术，并积极探索新的

商业化模式，带动科技进步和产业发展。探索联合创新成果的界定和分享规则，形成市场化激励机制。针对不同性质的科研投资资金，采用差异化的产权归属及利益分配机制。对政府全额支持的基础性研究，相关成果可在平台内公开共享。对政府、企业、社会共同出资的创新成果，可签订债权投入或股权投资协议，其中政府专项资金的收益累积循环投入科技研发。对于企业、社会资金联合研发的，鼓励联合体以独立法人企业形式参与并申请专利，根据实际贡献约定专利共享比例。同时，有序构建信用约束机制，对投机、毁约等行为，纳入社会公共诚信记录，增加违规成本。

六、加强组织领导、健全机构，强化走廊建设的资源保障

（一）成立组织机构

要在市级层面成立 G328 产业创新走廊建设领导小组，统筹 G328 科创走廊建设，着力构建决策层高位统筹、协调层同步推进、执行层扎实落地三级运作模式。研究制定竞争性、激励性政策举措，推动基地、项目、人才、资金的统筹和一体化配置。充分调动各个板块主体积极性，建立市域内统筹联动的走廊治理体系。在 G328 产业创新走廊实行“四统三分”管理机制，即统一规划，统一重大基础设施建设，统一重大科技、产业和人才政策，统一考核，分别建设运营，分别招商引才，分别财政管理。探索走廊单列统计制度，加强相关统计分析。在走廊范围内推进科技管理体制改革，探索实施科技项目经费使用“负面清单”管理。

（二）理顺体制机制

产业创新走廊要围绕决策、协调和执行三个层面，着力理顺走廊管理体制机制。一是联席会议机制建设。由 G328 产业创新走廊建设指挥部负责定期组织主要板块开展联席会议。建构板块间合作的利益分享机制，推动创新要素的合理流动与整合；逐步在走廊内探索差异化的考核管理模式，促进分工协同。二是会商机制建设。围绕 G328 产业科创项目，形成市、区（县）、高新园区的定期会商机制。通过会前预商、会商决策、跟踪督查、通报问责等举措，解决科创项目对接、落地、建设过程中遇到的问题，进一步加大产业科创项目推进力度，形成合力。三是评估机制建设。建立统计监测机制，

加强 G328 产业创新走廊规划实施的过程管理，坚决防范统计造假，真实体现规划实施的成果。引入“赛马”机制，定期开展绩效晒拼，通过组织专项督查、专题会议研究、第三方评估等方式对规划的实施效果进行动态监测和跟踪评价。四是考核机制建设。建立以科技创新为导向的大走廊特色统计体系和考核体系，并纳入区（县）党政领导班子年度绩效考核。

（三）强化创新走廊建设资金保障

G328 产业创新走廊对强化资金保障要做到：一是加大政府财政资金投入。支持 G328 产业创新走廊内基础设施互联互通、重大创新平台建设、前沿科技创新与产业化、重大产业项目建设等。二是鼓励各类科技创新政策优先支持创新走廊建设。支持区（县）设立走廊创新创业发展基金，对其拟参股（出资）的子基金或者跟投项目，市政府引导基金优先参与。优先支持涉及科技创新的重大项目、重要基地等要素保障。鼓励企业、社会组织等以建立基金、联合资助、公益捐赠等方式投入产业创新走廊的建设。三是以科技创新政策统筹集中为目标，激发走廊科技创新活力。整合全市科创政策，聚焦廊线产业科技创新，制定《关于支持 G328 国家级产业创新走廊建设发展的若干政策意见》。

第二节　政策建议

G328 产业创新走廊的建设意义重大、路径可行，体现了扬州市委市政府决策的高屋建瓴、高瞻远瞩。在建设 G328 产业创新走廊过程中，要锚定建设更高水平国家创新型城市的目标，突出项目引领、载体建设、政策驱动、环境营造，全力推动产业科创和科创产业双向发力，经济转型、动能转换，突出科技协同。

对于建设 G328 产业创新走廊，除了一般性的保障措施外，本书提出以下重要政策建议：

（1）提升互联互通水平，统筹推进重大基础设施建设，加快实施“断头路”贯通工程，改造扩容“瓶颈路”。推动沿江高铁合肥—南京—上海段开工建设，加快宁滁城际、宁马城际、来六高速改扩建等项目建设，建成通

航芜湖宣州机场。进一步畅通对外联系通道，提升通勤能力，共同打造畅达都市圈。

（2）促进产业分工协作，发挥南京都市圈资源禀赋，围绕新能源汽车和智能网联汽车、节能环保、智能家电等领域，强化“双招双引”，推动产业链、供应链协同。推动中新苏滁高新技术产业开发区等共建园区建设，积极承接共建园区产业。

（3）推动省际毗邻区一体化发展，共同编制完成顶山-汊河、浦口-南谯、江宁-博望新型功能区国土空间布局方案和基础设施等专项规划，全面加快新型功能区建设。借鉴长三角生态绿色一体化示范区成功经验，深化管理体制研究，探索成本共担、利益共享路径。

（4）推进公共服务便利共享，推动教育医疗文化等优质服务资源一卡通共享，鼓励与南京等地的高水平医院合作办院、组建专科联盟、远程医疗协作，加快南京信息工程大学金牛湖校区建设，开通跨省公交线路。推动优质公共服务一体化、连锁化供给。

（5）强化生态环境共保联治，共同加强生态保护，协同推动环境治理，实施好长江十年禁渔。推广滁河跨省水质生态补偿经验，落实石臼湖等跨界山体湖泊的协同治理，推进安徽来安池杉湖国家湿地公园建设，切实提升整体生态环境质量，打造绿色都市圈。出台综合政策，对G328产业创新走廊核心区以及毗连区的土地指标、人才引进、产业落户、税收、奖金补贴、生活配套等做出制度性安排。

附　表

附表 1　2021 年江苏省科技创新主要指标进展情况

地区	科技进步贡献率		高新技术企业数		高新技术产业产值		高新技术产业投资额	技术合同交易情况		新登记企业数		省级以上工程技术研究中心等企业研发机构数	
	2021 年（%）	增幅（%）	2021 年（家）	增幅（%）	增幅（%）	占规模以上工业产值比重（%）	增幅（%）	成交额（亿元）	增幅（%）	2021 年（户）	增幅（%）	2021 年（个）	增幅（%）
全省	66. 1	1. 0	37 667	14. 1	21. 8	47. 5	17. 3	3 013. 6	29. 0	733 476	25. 0	7 461	10. 9
南京	67. 6	1. 1	7 812	19. 4	16. 6	55. 1	23. 7	752. 4	9. 5	109 492	12. 0	789	11. 6
无锡	67. 6	0. 9	4 608	14. 3	21. 4	49. 2	−0. 5	387. 7	31. 9	60 200	10. 5	966	7. 0
徐州	59. 2	1. 0	1 172	14. 7	18. 3	46. 0	11. 0	105. 7	63. 9	70 400	26. 9	348	4. 8
常州	66. 7	1. 0	2 921	17. 0	23. 8	48. 5	20. 0	202. 2	40. 2	38 024	27. 6	679	9. 3
苏州	67. 5	0. 9	11 474	17. 8	17. 4	51. 1	5. 9	625. 5	26. 8	126 620	16. 4	1 823	17. 0
南通	66. 5	1. 0	2 364	8. 5	31. 6	47. 2	16. 4	249. 9	28. 7	57 664	40. 2	654	4. 6
连云港	58. 3	1. 2	449	9. 3	19. 8	37. 0	−19. 5	69. 2	31. 6	47 700	43. 5	165	4. 4
淮安	58. 6	1. 2	581	4. 5	29. 4	28. 6	37. 5	66. 5	64. 8	30 087	36. 6	187	10. 7
盐城	59. 1	1. 0	1 633	8. 1	33. 7	43. 4	48. 2	100. 4	85. 0	46 507	20. 8	401	12. 6
扬州	66. 3	1. 0	1 589	−2. 3	24. 5	49. 6	31. 7	169. 8	31. 7	35 722	23. 0	553	10. 6
镇江	66. 2	0. 9	1 221	3. 2	25. 5	46. 9	29. 4	100. 2	76. 6	28 194	40. 2	321	8. 1
泰州	66. 3	1. 1	1 309	4. 6	29. 1	51. 3	47. 1	145. 2	43. 6	39 957	42. 9	368	12. 5
宿迁	58. 2	1. 2	534	12. 0	40. 9	34. 8	26. 4	39. 1	56. 4	42 909	49. 8	207	19. 0

附表 2　2021 年江苏省科技创新主要指标进展情况

地区	省级以上科技创新平台数		新型研发机构数		科技企业孵化器数		"苏科贷"累计发放		专利授权量		发明专利授权数量	
	2021 年（家）	增幅（%）	2021 年（个）	增幅（%）	2021 年（个）	增幅（%）	2021 年（亿元）	增幅（%）	2021 年（件）	增幅（%）	2021 年（件）	增幅（%）
全省	457	-1.9	562	19.8	1 070	10.9	690.0	9.5	640 917	28.4	68 813	49.7
南京	182.5	-1.4	206	57.3	220	4.3	63.1	3.5	91 964	20.5	21 568	44.8
无锡	38	-2.6	34	-5.6	69	19.0	51.6	12.8	79 738	31.4	5 764	32.1
徐州	18	-10.0	55	34.2	78	-14.3	40.9	33.5	41 895	53.1	4 564	42.8
常州	24	-7.7	36	9.1	97	9.0	43.5	6.97	55 463	34.2	4 793	67.8
苏州	52.5	5.0	107	5.9	262	22.4	195.4	4.4	185 133	33.3	14 677	48.1
南通	25	0.0	28	21.7	83	23.9	67.2	17.1	40 867	33.3	6 506	167.0
连云港	17	-5.6	10	11.1	20	5.3	26.2	10.7	9 607	19.2	901	59.5
淮安	20	0.0	10	-23.1	13	8.3	10.6	11.0	14 831	26.0	974	39.3
盐城	14	0.0	20	-9.1	69	16.9	77.5	7.9	27 365	27.1	2 309	42.4
扬州	24	0.0	17	0.0	42	7.7	21.7	8.4	28 942	1.6	1 948	30.7
镇江	16	0.0	19	-13.6	52	23.8	53.9	6.5	22 695	14.5	2 808	23.9
泰州	16	-11.1	14	7.7	42	0.0	18.9	20.9	25 303	24.9	1 538	8.9
宿迁	10	-9.1	6	-25.0	23	4.5	19.6	18.7	17 078	22.3	462	75.7

注：省级以上科技创新平台不含院士工作站和工程技术研究中心；国家第三代半导体技术创新中心在南京、苏州均布局建设，故各计 0.5 家。

参考文献

［1］吴亚平，陈广桂．扬州地区 G328 产业创新走廊发展困境及对策研究［J］．科技创新与生产力，2023，44（11）：50-52，56.

［2］邱爱军，赵军洁．都市圈协同创新机制设计：基于长三角 G60 科创走廊的实践经验［J］．科技和产业，2023，23（8）：203-206.

［3］秦静．要素流动视角下都市圈内合作区治理框架和模式研究［J］．规划师，2022，38（6）：12-19，26.

［4］官卫华，陈阳，封留敏．长三角区域协同创新：G312 产业创新走廊空间规划协同实践［J］．城市规划学刊，2022（3）：80-86.

［5］杨伟．赣江两岸科创大走廊创新政策研究［J］．科技广场，2021（5）：64-71.

［6］国子健，钟睿，朱凯．协同创新视角下的区域创新走廊：构建逻辑与要素配置［J］．城市发展研究，2020，27（2）：8-15.

［7］徐文震．G60 科创走廊高质量发展的成效、问题与对策［J］．江南论坛，2022（7）：22-25.

［8］陆军，毛文峰，聂伟．都市圈协同创新的空间演化特征、发展机制与实施路径［J］．经济体制改革，2020（6）：43-49.

［9］张学良．以都市圈建设推动城市群的高质量发展［J］．上海城市管理，2018，27（5）：2-3.

［10］尹虹潘．国家级战略平台布局视野的中国区域发展战略演变［J］．改革，2018（8）：80-92.

［11］王佳宁，罗重谱．新时代中国区域协调发展战略论纲［J］．改革，2017（12）：52-67.

［12］孙久文，李恒森．我国区域经济演进轨迹及其总体趋势［J］．改

革，2017（7）：18-29.

［13］贠兆恒，潘锡杨，夏保华．创新型都市圈协同创新体系理论框架研究［J］．城市发展研究，2016，23（1）：34-39.

［14］李秋梅，高春南．协同创新视角下南京都市圈高质量发展对策研究［J］．商业经济，2023（12）：42-45.

［15］王佳宁，罗重谱．新时代中国区域协调发展战略论纲［J］．改革，2017（12）：52-67.